答えのない不安を自信に変える賢者の方法

10年後世界が壊れても、君が生き残るために今、身につけるべきこと

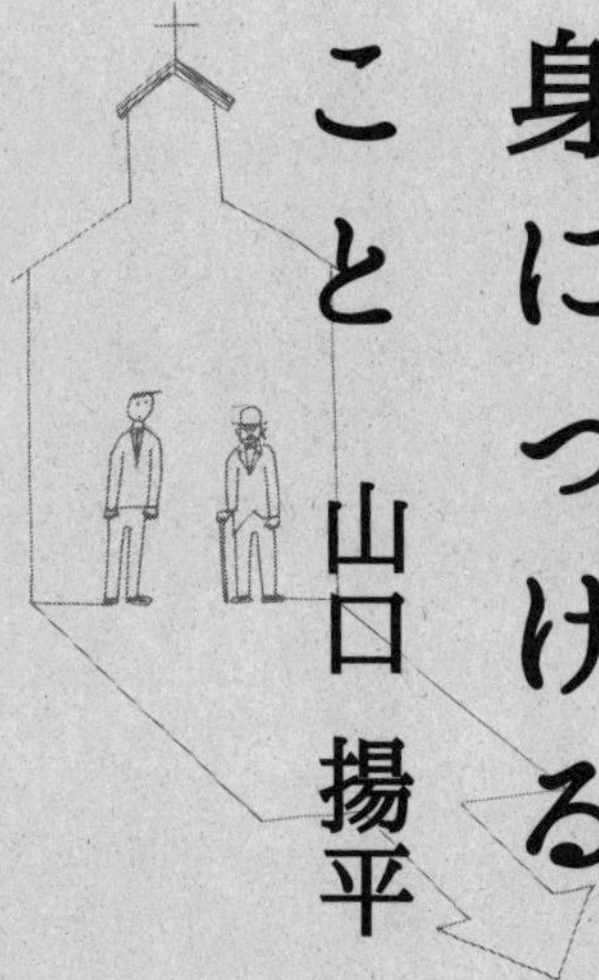

山口揚平

SB Creative

10年後、後悔しない自分でいるために

はじめに

この本は、2人の登場人物、「僕」と「紳士」の会話によって進む物語です。

「僕」は、ごく普通の青年、「紳士」は、成功を収めた人物です。ひょんなことから2人は出会い、いくつかの共通点や、何か通じるものを感じて意気投合します。

「僕」は、対話を通して紳士の成功のヒミツを学びとりながら成長します。また、紳士は、今の日本や世界、若者が抱えている悩みに対してシンプルに答えを示します。

紳士の話は、具体的ですぐに役立つものですが、時には次元を超えることや、自分とは何か？といった本質的な問いも投げかけます。

「僕」は、それに対して戸惑いながらも自ら考え、紳士にヒントを求めながら、徐々に世界の真実に対する理解を深めていきます。紳士の話し方は、常に優しく、そして何か「僕」への愛を感じさせるものがあります。


さて、紳士は何者なのでしょうか？　そして、「僕」と「紳士」の関係は一体？

それは最後までご覧になってからのお楽しみです。

まずは、あなたが成功するために必要な、たった1つの技術の話から始めましょう。

山口　揚平

第1章
スノーボールを転がせ！
「学び方を学ぶ」ことが、成功への近道になる

第2章
格差社会と沈む日本を乗り越える
日本解散論

第3章 「作る世界」から「作らない世界」へ

結婚・お金・AI（ロボット）　変わりゆく社会の中で生きること

第4章 コミュニケーション

優秀さは謙虚さと能力の掛け算である

第5章 僕達は何を学んできて、これから何を学べばいいのか

第6章 事業の本質

1人でも食べていくために仕事を創り出す

エピローグ
僕の夢と、最後の授業

プロローグ

出会い

友人の結婚式で、
早口で大金持ちの紳士に
からまれた僕の幸運

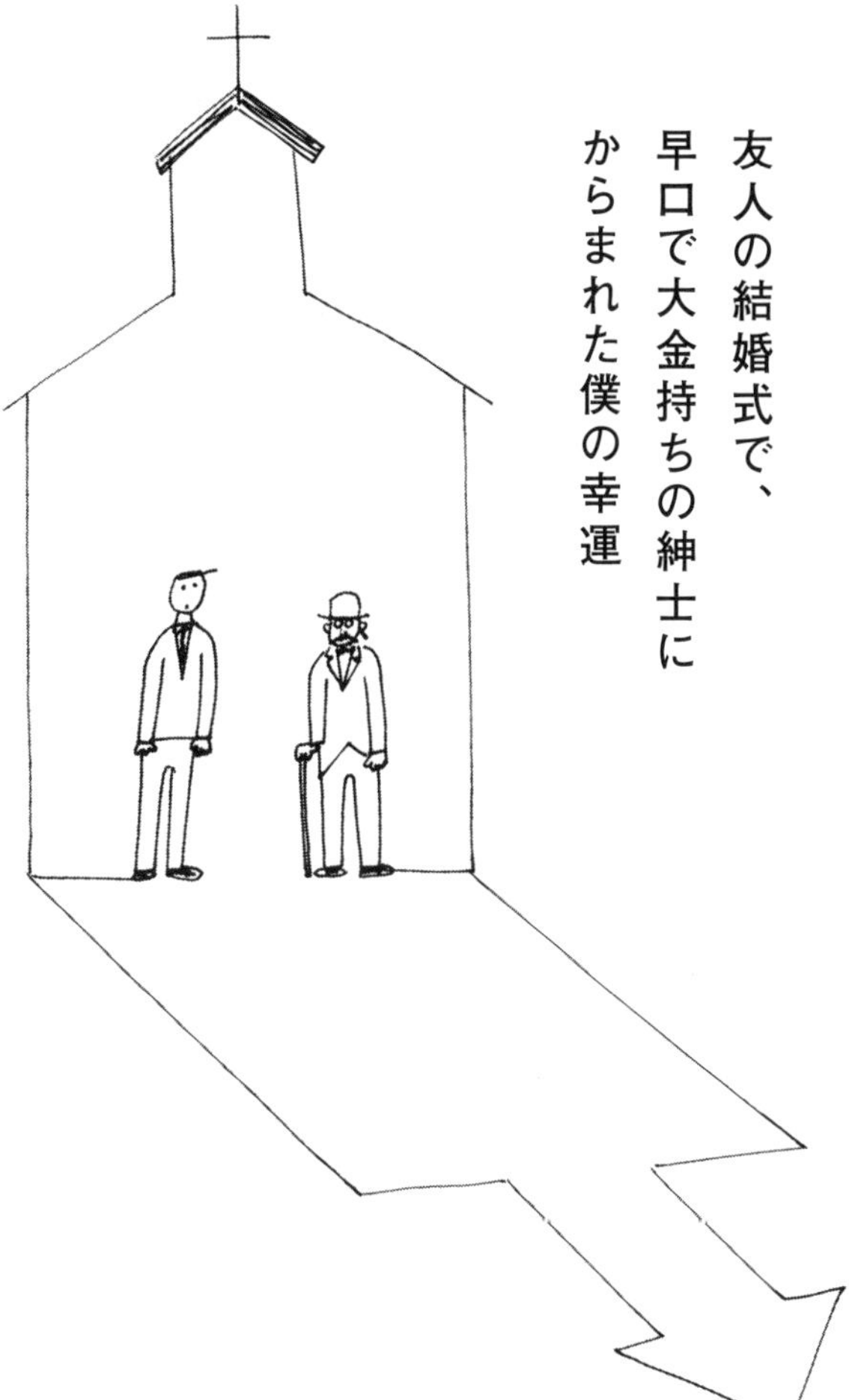

その紳士に会ったのは偶然だった。

その日は中学時代の友人の結婚式。

昔、仲のよかったその友人は、いわゆるエリート街道を突き進んだ英才だ。一流大学から一流企業へと進み、アメリカへの留学を経た後、自ら起業して成功した。

一方の僕は、本当にフツーの大学を出て、一般企業に就職したサラリーマン。誇れる実績も語れる趣味もない。人の生き方はそれぞれ、価値観も多様化している。そんな時代になりつつある今でも、絵に描いたような彼の成功物語に嫉妬しないというわけにはいかない。今日の参列者の多くもきっとそれなりの人が揃っているだろう。

しかも、奥さんは、キー局のアナウンサーをしていた明るい美人で才女と聞く。つい先日、彼女と別れたばかりの僕にとって、はっきりいって、つらい式になることはわかっている。

プライドと友情の間で、さんざん悩んだ挙句、あとで陰口を言われるのがやっぱり恐くて、しかたなく参加した披露宴会場のロビーで、僕はその紳士と出会ったのだ。

「君、そこの君」

「え？」

「今、何時かな？」

「今ですか……」

僕はとっさに自分のスマホを取り出し、時刻を確認する。

「何時かな？」

もう一度、紳士を見る。するとその右腕には上品な時計が見える。

「あの、時計お持ちですよね」

「あぁ」と紳士は屈託のない笑顔でさらりと言った。

「じゃあ……」

「君が時計を持っているかどうかを確かめるために聞いたんだ」

紳士は涼やかな笑顔を崩さない。

「は？」

「君の右腕には腕時計の日焼け跡がある。でも今日ここにはしてこなかった」

「だからなんです？」

「結婚式は、フォーマルな場だ。その場に合ったスーツにネクタイ、時には普段は身につけないチーフやカフスなどもつける。今の君のように。なのに、なぜか君は腕時計はつけていない。理由はいくつか考えられるが、君の推定される年齢、身につけているスーツ、靴、そして君が出席するであろう式の雰囲気から推測するに、君はその場の人達に腕時計を見られたくないのではないかな……」

僕はどきりとした。

家で身支度を整えた時、無意識にしていた時計に目がいった。今日はこれを外していこう……。そう、紳士の言う通りだったからだ。

紳士は続ける。

「君の身につけている物から推測するに、腕時計は君が社会人になった記念に親からもらった、または自分で買ったものだろう。こんな場でお金の話をするのは品がないがおそらく10万~30万円ほどの時計だろう」

まさにその通り、父が買ってくれた、15万円の時計。

「しかし、君は、今日この式場で出会うであろう、参列者がしてくるであろう時計の価格を推測した。彼らはきっと自分の身につけているモノよりも高価な時計をしてくるだろう。見たところ、君は自由に生きる勇気をまだ持ちあわせていない。ステータスを気にしている。男がステータスを主張する物は、偏っている。靴と、時計だ。おしゃれな君が今日、あえて時計を外してきた理由はそこにある」

「あ、あなた一体なんなんですか！」

「君の仕事は営業だね？」

「はい、そうですが!?」

一体なんなんだとの疑問は解消されなかったが、彼の勢いに押され、答えてしまった。

「先ほどの動作から、君の利き腕は右腕だとわかった。一般的には腕時計は利き腕と反対側にするのが多いとされている。だから普通なら君は左腕に時計をするだろう。にもかかわらず君の腕時計の日焼け跡は右腕にある。これはどういうことか？　それは君が電話をとる時にメモをよくするからだ。右手の時計を見ながらメモをとりやすい。そして、重い鞄を持って外に出歩くことが多い場合、鞄で腕が塞がるため、腕時計は右だと便利。つまり、君はそういった境遇に置かれている。さらに日焼け跡は、外回りが多いことを示している。そう考えると、営業職が当てはまる」

「ちょちょちょっと待ってください！」

これ以上紳士を放っておけば、僕のことが全部喋られてしまう。とっさに僕は紳士を止める。

「僕に何か用ですか……？」

「ちょうどお茶を飲もうと思っていたんだ。君の友人の式が始まるまで、まだ時間はあるだろう？」

「えぇ、まぁ……」と僕は曖昧に答えたが、ふと勇いてきた疑問を口にした。

「そんなあなたはなんでこの式場に？」

「婚活パーティーさ」

「婚活パーティー!?」

「今式場で婚活パーティーが流行ってるんだよ。知らないのかい？　恋は若者だけの特権じゃないのだよ」と、紳士は柔らかな笑顔を向けた。

紳士は話をやめる気はないらしい。放っておくと、立ち話のまま延々と喋り続けてしまうだろう。しかも、紳士は、通る声で、周囲の人の目も気になってきた。このままだと僕もこの人の知り合いだと思われてしまう。とりあえず、僕は紳士とともに、式場の側にあったホテル内の喫茶ラウンジに入った。

＊＊＊

紳士の話は止まらない。

その内容を半ば聞き流しながら、改めて紳士を観察する。

身につけているものは、どれも品のよいものばかり。醸し出す雰囲気も上質で艶がある。きっと大きな成功を収めたのだろう。

まぁ、婚活のためにここに来ていると言っていたところを見ると、プライベートでは……といったところか。


「私をいわゆる成功者だと思ってるね、君」

「あ、は、はい……」

「君の目線が、足下から上に向かって上がっていったよ。靴、時計、ネクタイ、そして髪型とね」

「初めて会う人をチェックするのは、もう職業病ですよ。この人はお金を持ってそうだ、とか、この人は自分の話を聞いてくれそうだとか、さっとチェックするんです」

「で、私を値踏みして、どう思ったかな?」

「値踏みだなんてそんな」

「数値化するのは別に悪いことではない。**何事も曖昧なことは、数字に落としてみるといい。**判断が明晰になる」

紳士は、一呼吸置いて続けた。

「だが注意が必要だ。安物買いの銭失いになりかねないからね。特に値段で選ぶ習慣は、絶対につけてはいけない。安物は壊れるばかりでなく処理するのにもお金がかかる。粗悪なファストフードは脳に中毒を訴えるだけで健康を損なう。モノだけでない。時間もそうだ。時間価値の計算はより難しい。品のない人と一緒にいればエネルギーを失う。それは極力避けなければならない。逆に、少し高いホテルに泊まっても誰にも邪魔されない2日間を確保できれば、その生産性はコストを大きく上回る。電車を使わず、あえてタクシーで移動することで、移動のスキマ時間で仕事をすることもできる。**時間の価値を正しく認識するのは成功のための基本**だよ」

「あの、あなたは、経営者か何かですか?」

「昔、色々とやっていたよ。宇宙開発や電気自動車の事業にかかわったこともある。

今も、再生医療や認知療法、テクノロジーベンチャーなどいくつかの事業は続けている」

「！！！」

「なんだ、君は経営者になりたいのか？」

「経営者というか……成功者になりたい」

と自分で言って驚いた。いつもこんなことは言わないのに。今日結婚式を挙げる友人の顔が目に浮かんだ。いつから、彼と自分は道を分けてしまったんだろう。

「成功者か。なるほど。じゃあ、君にとって成功者とは何かな？」

「僕にとっての成功者ですか……。いい家に住んで、奥さんと子どもがいて、車があって、平和に暮らす」

「じゃあ、この日本の大抵の人は成功者だ。君のご実家だって成功者のうちに入るぞ」

「うちが!?　成功者なんてとんでもない！」

「ちなみに君のご実家は……」

「また、推理ですか。では、当ててみてください」

ここまできたら、とことん推理を聞いてみようじゃないか、と僕は思った。

「君の口調には標準語とは違うイントネーションがある。どちらかといえば、関西寄りの人間だ。しかし、大阪や神戸といった強い訛ではない。三重か、関西に近い東海のどこかではないか。そして君の着ているスーツ。とても仕立てがよい。まさに君にとって勝負服なのだろう。しかしどのブランドにもない形をしている。オーダーメイドだ。しかし、先ほど推理した君の仕事とその年収では、オーダーメイドのスーツを自分で買うとは考えにくい。これはプレゼントだ。もしかしたら親からのプレゼントではないだろうか。オーダーメイドのスーツをプレゼントするとは、なかなかにシャレたことをする親だ。いや待てよ。家が服飾関係の仕事をしているというのはどうだ。もともと東海地方は繊維の街として栄えた。かつてのトヨタも元々は車ではなく機織り機を作っていたくらいだからね。すると、君のご実家は、東海地方、関西寄りの服飾を営んでいる個人経営店ではないかな?」


僕は空いた口が塞がらなかった。ドンピシャだからだ。

「正解です。僕は愛知県の半田市出身。家は学生服の仕立て屋をやってます」

「ほぉ」

「ほら、地元のいわゆるヤンキーが着る、ぼんたんとか、短ランとかあるじゃないですか。あれをオーダーメイドしてます」

「では、君は、そのヤンキー君達によってご飯を食べてきたんだね」

「はい、ヤンキーがカツアゲをしたお金で、うちの学ランを買うんです。そのお金で、ここまで大きくなりました。だから、いまだにヤンキーには頭は上がりません。しかも最近はみんな、あんな学ランは着ないから、そろそろ父も引退を考えてます」

「君のような立派なご子息を世に送り出したんだ。成功者と言えるんじゃないかな」

「でもそうじゃないんですよねぇ……。うまく伝えられないなぁ。よくテレビに出てる、セレブな社長いるじゃないですか、あれが、成功者というイメージです」

「なるほど。そうなりたいのだね」と紳士は笑顔を絶やさず続けた。

「なれませんけど」

「いや、なれるよ」

「え!?」

「まぁ君の言う成功者の定義があまりにも絵に描いたように古典的で、可笑しくなってしまうが、**成功することは誰でもできる。特にこれからの10年間の生き方次第で、結果が大きく変わるだろうね**」

「またまたぁ、本屋に並んでる自己啓発本みたいなこと言って」

「じゃあ、聞きたくないのだね」

「聞きたいです！」


「成功する秘訣はただ1つ」

「ただ1つ……」


「成功するまでやることだ」

「……だけ？」

「成功するための唯一の方法は、成功するまでやり続けることだ」

うわぁ〜、書店に並ぶビジネス書のほうがよっぽどましなことが書いてある。正直そう思ってしまった。


「当たり前です、といった顔をしているね」

「だって、続けられない人がたくさんいるから、成功しないのでしょう？」

「それは、**続けるための〝仕組み〟を最初に考えないからだ**」

「仕組み……」

「たとえば君が健康のためにジムに通おうと決意したとする。だがそれは続くかね？」

「残念ながら、三日坊主には自信があります。そして4日目、自分を責めます。5日目ぼろぼろになった自分を慰めます。6日目忘れようと開き直ります。7日目新しい自分が誕生します。そして、また新たな三日坊主に向かうのですが……」

「冗長だな。しかし、神は7日間で人間を創ったそうだ。あながち間違ってはいないかもね。だが安心したまえ、君だけじゃなく、**あらゆる人間のすべての意思は薄弱だ**。意思やモチベーションは誰にとっても、成功とはまったく関係がない。ゼロだ。つまり、**〝やる気〟なんてなんの意味もなさない**」

「〝やる気〟が無意味ですって⁉　でも、それでは世の成功者達も、モチベーションはゼロということになりますよね！」

「まぁ、そうだね。しかし、**成功する人はまず始めたりしない**。モチベーションなんて信じない。いいかい？　ほとんどの人は思い立ったら吉日とばかりに、まず始めようとする。それが間違っている。そうではなくて、継続する〝仕組み〟を先に考えるんだ。よし、お茶に付き合ってくれたお礼に、その方法を君に教えよう」

「はい！」

「いい返事だけどね。その返事の『がんばります！』感を私は好きじゃない」

「あ、すいません……」

「『がんばる』は『意志』だ。意思は薄弱だよ。君は継続するシステムを作りなさい。まずは、そのことを理解しておくこと」

「はい！」

「……」

第1章

スノーボールを転がせ！

「学び方を学ぶ」ことが、
成功への近道になる

引き続き、僕は、先ほどのラウンジで、紳士と話をしていた。

「君は、勉強ができたほうかな?」

「僕は普通の高校から、ごく普通のちょっと名の知れた都内の大学に行きました。そこでも特別頭がいいほうではなく、就職もそこそこのところへ……」

「残念ながら70年続いた日本の受験システムが若者の芽を潰してしまっているのは事実だ。学校は勉強は教えるが、学び方は教えないからね。勉強ではなく、まず、学び方を学ぶべきなんだ」

「受験と頭のよさはあまり関係がないのは、受験をしている時にすでに感じてましたよ。こんなことに、なんの意味があるのだろう、って」

「勉強ができない子ほど、勉強というと、ひたすら問題集を解いているイメージを持つだろう。しかし、勉強ができる子は、問題集を解くことは、自分の理解を確認する〝作業〟として行なっているにすぎない。それは勉強そのものではなく、勉強の〝一部〟だとわかっている。勉強とは、まず全体の計画があって、実行してみて(つまり問題集を解いてみて)、結果を確認して、計画を変更するという一連のプロセスだとわかっている」

「なるほど。僕は前者でしたね。塾に行きたくなかったから、ひたすら問題集をやってました。問題集を覚えるくらい……」

「計画・実行・修正」のサイクルを回す

「勉強のできる子、仮にA君としよう。A君は、最初にこう考える。まず、受験をクリアするのに必要な項目を全部出してみよう。120項目あるのか。これで全部かな？　よし、ではこれを全部やるのにどのくらいの時間がかかるだろう？　1200時間くらいだろうか？　必要なお金は？　60万円かな？　それを工面するには……と。合格までに必要な要素をすべて出し、計画を立てる。計画ができたら、実行に移す。つまり、ここで初めて問題集を開く。それで、いざやってみると、3割くらいしかできないことがわかる。

そこで考える。あと7割を習得するためにはどのくらいかかるのか。そのためには、プランを変更する必要がある。しかも、ちゃんと事実を言語化（数値化）して修正する。と、こういう具合に、**計画（Plan）、実行（Do）、そして結果をフィードバックしていく（See）の『仕組み』を作る**」

「なるほど。『計画・実行・修正』がセットになっている」

「この3つが機能して、初めて『勉強』となるんだ」

「**勉強のできない子は、問題集を解くという『実行』しかしないんだ**」

「そうだ。そして失敗すると『努力』が足りなかったと嘆く。ひどい時などは『気合い』が足りなかったとなる。気合いで合格したら、すべての予備校は潰れるよ」

「サイクル」を回せば、「失敗」という概念がなくなる

「計画・実行・修正をどれだけの回数、どれだけの速さで回すか、物事の習得の仕方はそれだけにかかっているんだ。ここで大事なポイントがある。何かわかるかな？」

「ポイント……」

「A君は初め計画の実行に移した時、つまり問題集に初めて取りかかった時、3割くらいしかできなかったね」

「はい」

「しかし、ここで『3割しかできなかった』と捉えるのではなく『残り7割を習得するためにプランを立て直さなければならないことがわかった』と捉えるんだ。ここはきちんと言語化（数値化）するといいね」

図1-1「計画・実行・修正」のサイクル

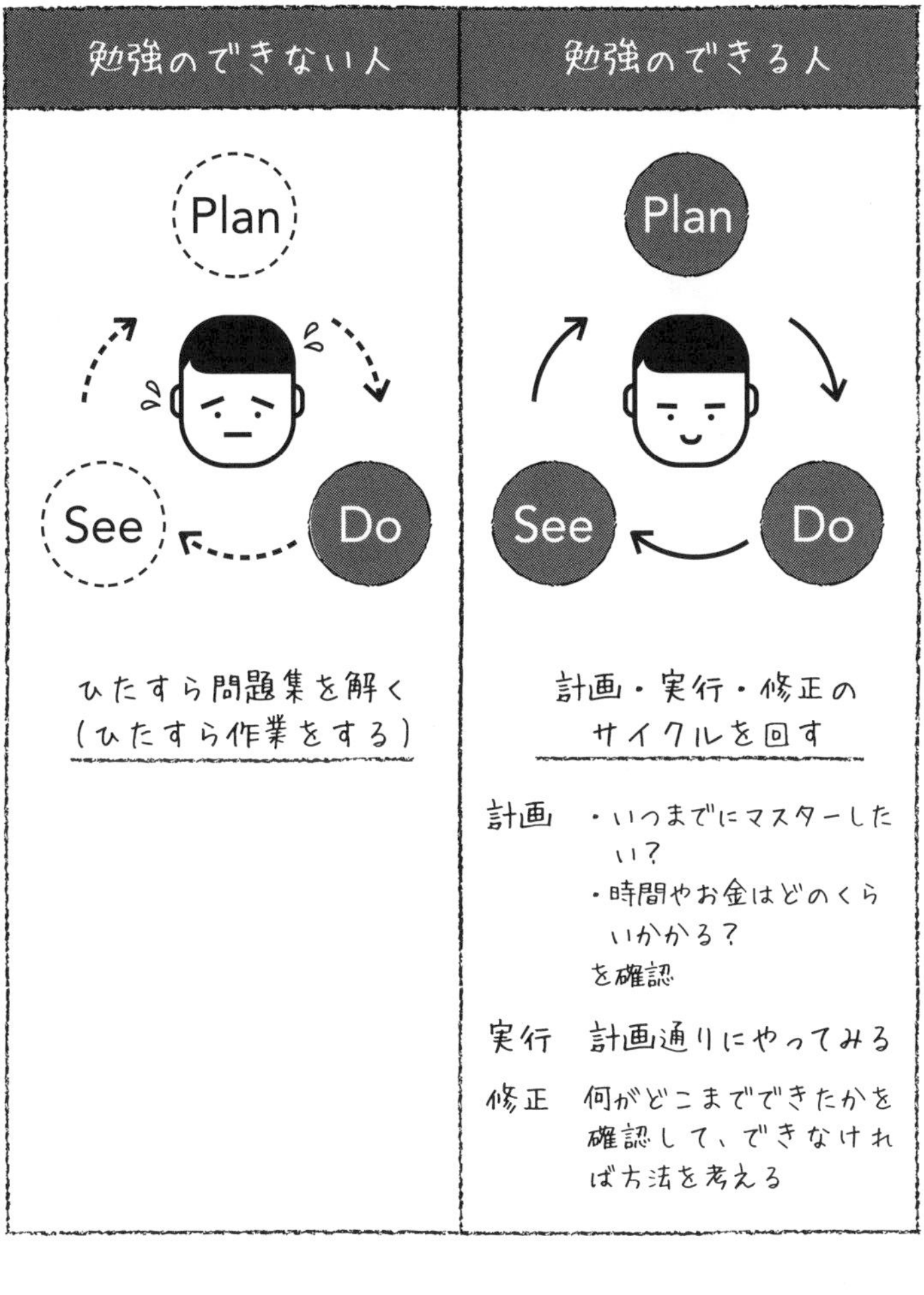
勉強のできない人
Plan
See
Do
ひたすら問題集を解く
(ひたすら作業をする)
勉強のできる人
Plan
See
Do
計画・実行・修正の
サイクルを回す
計画 ・いつまでにマスターしたい？
・時間やお金はどのくらいかかる？
を確認
実行 計画通りにやってみる
修正 何がどこまでできたかを確認して、できなければ方法を考える

「問題集にトライをしたことで、計画の修正ができた」

「そう。実行してみたが、計画と違った、ということが〝検証〟されたにすぎないんだ。つまり**Aくんは〝失敗〟をしてないんだ**」

「失敗は凹みます」

「みんなそうだ。だが計画・実行・修正のプロセスにおいては、凹む必要がない。それは失敗ではなく、ただうまくいかなかった方法が見つかっただけということだ。このプロセスに取り組むと、そもそも**〝失敗〟という考え自体がいらなくなる**。検証が済んだらさっさとプランの修正をすればいいだけなのだから。これは精神的に非常に重要なことだ。その一方で、多くの人には、プランもフィードバックもなく、ただ実行しかない。しかも人生でたった1回、実行してうまくいかなかったら〝失敗〟としてやめてしまう。普通の人には、こんなふうな〝失敗〟という考え方が普及している。これは、学び方を学ばなかったためだ。**成功する人には失敗という考えがない。だから成功するまで、修正し続ける**。私が、成功するためのコツは続けるコツだと言ったのは、そういう理由だ」

「そうか……つまりこの理論を、受験勉強以外のものに当てはめていけば……」

「そうだ、あらゆるプロジェクトに応用が可能だ」

「僕は、なんでもまずやってみて、すぐにうまくいかなくて、たった1回やっただけで失敗したと思ってやめてしまっていた。勉強もジム通いも……」

「わかってきたじゃないか？　あらゆる物事を、プロジェクトとして置き換えてごらん。仕事も、受験も、婚活も、就活も、起業も、ダイエットでもなんでもそうだ」

「婚活……。そういえば、この結婚式場に婚活に来ていると言っていましたよね」

「そうだ」

「その婚活も、プロジェクトとして進んでいるのですか？」

「もちろん」

「それ、教えてもらってもいいですか？」

「だめだ。プロジェクトのプランは、それだけで知的財産だ。そうカンタンには教えられない」

紳士はニヤリとほくそ笑んだ。

「ちぇ……」

〝作業〟は、成果も君の給料も上げない

「残念がる必要はない。君自身でプロジェクトを作っていけばいいのだから」

「僕にできるでしょうか……」

「できるとも。なんでもプロジェクトとして考えると面白くなるぞ。何より主体的に取り組むようになる」

「主体的……」

「君の今の会社の仕事だってそうだよ。**仕事のできない人は、仕事は〝業務〟を遂行することだと思っている。**だが、仕事ができるビジネスパーソンにとって、この業務はやっぱり作業にすぎないんだ」

確かに、僕は今まで言われたまま仕事をしてきたかもしれない。失敗してもそれを振り返ることなく、上司の顔色やお客さんの反応を見て一喜一憂していた。こんな仕事の仕方は変えなければならないと思った。

「**主体的に取り組まないものや、やらされ仕事は決して成果を上げない。**なぜならそれは〝作業〟だからだ。会社と君の関係と同じだ。君は作業をこなしているだけだ。

そして作業は成果を上げない。君の給料は低いままだ（笑）」

「そうか！　僕は自分がやるべきことが少しわかった気がします」

「いいかい。人生に小さなプロジェクトを、ひっそりとこっそりとたくさん作ってごらんなさい」

「小さなプロジェクト……」

「なんでもいい。モテるようになること、弁護士や医者になること」

「宇宙飛行士を目指すとか……？」

「そうだ！」

「無理でしょう。今からなんて」

「君が思うように、多くの人間が無理だと思う。だからこそ宇宙飛行士になった人間を人は羨望の眼差しで見る。だが、成功者達は皆、『計画・実行・修正』というとてもシンプルな学びのプロセスを継続しただけだ。少しずつ少しずつだ」

「なんだかぼんやりしていた『成功者』ってのが見えてきた気がします……」

「宇宙飛行士という大きな目標も、小さく計画・実行・修正を繰り返し続けることで叶えることができる。いつか必ず形になる。ならざるを得ないんだ」

「はい！」

「『スノーボール』というタイトルの本を知っているかい？」

「知りません」

「世界最高の投資家ウォーレン・バフェットの公式の伝記だ。タイトルは彼がつけた。**〝スノーボール〟、つまり小さな雪のかけらを転がしていけば、やがて巨大なスノーボールができあがる**ってことさ。彼の資産形成も同じだ。小さな雪の固まりを転がし続けた。それが彼が世界一の億万長者になった理由だ」

「継続は力なり、ってことですね」

「そう。学校では国語の授業で、その言葉の意味を教えてくれる。しかし、具体的な方法は誰も教えてくれない。計画・実行・修正だ。おや？　なんだか、目の色が変わってきたね」

「はい！　なんか、やる気が湧いてきました！　がんばります！」

「はい出た、『がんばります』」

「あ、すいません」

「君は純粋だね。いいところでもあるが」

紳士は笑いながら話を続けた。

99％は技術である

「私は**才能や個性という言葉を認めない。それは単なる偏見にすぎない**と思っているし、できない人の言い訳に使われるにすぎない。人なんてたいして変わらんよ」

「そうでしょうか」

「君は自分の限界を感じているかもしれないが、そんなものは幻想さ。固定観念にすぎない。君はただ仕組みを知らなかっただけだ。君はさっき宇宙飛行士にもなれるか？と聞いた。私はなれると答えた。しかし、明日から君は宇宙飛行士を目指すかといったら、そうではない」

「ですね。僕は今から弁護士や野球選手になろうとも思いませんし……。どうしてでしょう？」

「それは、君の体質や興味を考えた時、野球選手になるまでにかかる時間やお金、つまり〝コスト〟が非常に大きいと思っているからだ。人生は有限だからね」

「そろばん勘定をしていると」

「読み・書き・そろばんを徹底してきた日本の教育は成功したが、その分、そろばん勘定によって多くの〝夢〟を潰してきてしまったといえなくもないな」

紳士は少し考えて続けた。

「とはいえ、効率は重要な要素だ。**得意で好きなことをやったほうがいい。**特に数学、美術、体育は遺伝の要素が大きいから考慮したほうがいいかもしれない」

「なるほど、よくわかります。中学の同級生に、プロ野球選手を目指してたヤツがいるんですが、やっぱりそいつは小さい頃からずば抜けてましたから」

「ほぉ、その彼は今何をやっているんだい？」

「焼き鳥屋です」

「それはそれで、懸命な選択だ」


「そうなると時間やお金ってとても大事ですね」

「今から君がプロのフルート奏者を目指すとしよう。計画・実行・修正に基づいてプランを算出する。楽器の演奏は、習得までに長い時間がかかるし、講師などに教えてもらうことが必要な技術だ」

「時間とお金がかかりますね」

「お金は非常に大事だ。でも、それ以上に大事なのは、時間だ。この世界に生きるすべての人間に共通に与えられているもの、それが時間だ。お金の価値なんて、国の政策ひとつで左右される。しかし時間はフェアだ。1日は24時間しか与えられていない。どんなにがんばっても人の2倍生きることは難しい。その時間を増やすにはどうすればいい？」

「睡眠時間を削る」

「それも1つの手だ。だが、その増やし方はリスクも伴う。効率が落ちれば、結果的には時間のロスになる」

「ですね。徹夜してもいい成果が出たためしがないです」

「徹夜は生産性を30％下げる。時間の使い方にも細心の注意が必要だ。慣れるまではね。**実績のある経営者は、ほんのわずかなムダ時間も削ろうと工夫し、生産性の高い〝かたまり時間〟を確保する**んだ。そして、特に時間の総量は、結局のところ、健康にかかっている」

「健康……」

「だから私はすべての知識の中で最も大事なことは、健康に関するものだとさえ思っているんだ。君は若くて元気だからまだ実感がないだろう。だがいいかい？　君の身体は、君が10年前に食べたものでできている。私はそれを『平成飯』と呼んでいる」

『平成飯』……」

「私は若い時にとても貧乏だったからひどい食生活を送っていた。さらに、その頃の食べ物、つまり『昭和飯』は、今よりもはるかに健康に気をつかっていない添加物などが使われていた。安価な食品になればなるほど、それは顕著に現われた。栄養に関する知識を持っていなかった私は、30歳をすぎたあたりからガタが来たよ。おかげで30代は、自分の身体を自由に働かせることさえできなかった」

「30代でですか……」

「人生を80年としたら、30代は、一番活発に生命活動を行なう時期だ。しかし、私はそこを棒に振った。本来の身体を取り戻すのに10年かかったよ」

「10年……」

「**健康こそは最大の投資先**さ。栄養と健康に関する知識だけは勉強したまえ。結果はだいぶ先になるが、その効果は明白だ。いいかい、**21世紀はお金の時代じゃない。時間の時代だ。いや、時間が通貨そのものになるだろう。よく覚えておくといい**」

「実感が湧かないな……。すぐに効果が出ないものはやっぱり続かないですね」

「それには辛抱が必要だ」

「先ほどの『計画・実行・修正』のシステムも、効果が見えにくいものには通用しないのではないでしょうか？」

「そうだ。それは改善のサイクルだからね。そこで、他に、物事を継続するための新たな仕組みが必要になるわけだ」

機械とコーチをうまく使う

「まず、このスノーボールを持続させるための色々な方法を教えよう。結論からいえば、自分以外の存在、つまり**機械と人間をうまく使う**んだ」

「ロボットですか？」

「間違いではない。昔のSFでは、コンピューターよりも、人間の形をしたロボットのほうが登場が先だ。『2001年宇宙の旅』のHALがセンセーショナルだったのは、相手がコンピューターだったことだ」

だいぶ前の映画だが、確か宇宙船に乗り込んだ船員達が、一緒に乗っていたロボットに排除されてしまう、という内容だった。確かに、あれは恐かった。

「今の最大の機械はなんだと思う？」

「やはりパソコンでしょうか？」

「少し違うな。ＩＴだ」

「ＩＴ……」

「ここでは機械と言おうか。機械はとても有効だ。行動の結果（ログ）を自動で溜めてくれて、可視化してくれる仕組みはどんどん取り入れるべきだ。**運動、食事、仕事、投資、あらゆる行動のログ（記録）を溜めよう。**今はスマートフォンのようなウェアラブルデバイスもたくさん出ているし、君が最初のセッティングさえすれば、あとは機械が自動的にデータを溜めてくれる」

「そうすると、**検証が格段にしやすくなる**ということですね？」

「さらに、コーチがいると、なおよい」

「コーチ……」

「**何かを始めようとしたら、まず、記録（トラッキング）の仕組みとコーチをつけるんだ。**コーチは君が計画を立てる時も、実行して、その結果を見て修正する時にも君の味方になってくれる。コーチは、君の知らない視点、つまり知識と客観性を持っている。あらゆるところで時間を短縮することができる」

「なるほど」

「さらに、コーチと親しい関係を築ければ、君が実行する時の小さなモチベーションや、時にはサボる時のプレッシャーにもなってくれる。いわゆるピア・プレッシャーというやつだね。君ならかわいい子がいいね。女の子ならできるだけイケメンのコーチをつける」

「マネージャーにかわいい子がいると、張り切る的なことですね。でも、僕にはコーチを雇うお金の余裕がないですよ……」

「そこは機械で補うんだ。今は、スカイプなどを使って安くサポートしてくれる遠隔のコーチがどんな分野でもいるよ」

「ＩＴか！」

「スカイプだけで、英語をマスターする若者は増えている。使ったお金は電気代とサーバー代だけだ」

「それなら僕にもできそうです」

「コーチはじっくり探してごらん。だが、すべてのコーチが首からコーチの名札をトげているとは限らない」

「というと？」

「すでに君が得たいと思っている結果を達成している人も立派なコーチだ。たとえば、お受験を成功させて子どもを入学させた親は、これから同じことをさせようとしている母親にとって、とてもよいコーチになるだろう。そして、そういう人に触れると、君は自然にそれを達成しやすくなる。イメージが湧くからね」

いくら安くても、成果が上がらなければ無駄である

「でも安ければいいってものでもない。何かをする上で大事なことは〝成果〟を上げることだ。成果を上げられないようなら、いくら安くやったって無駄だ。当たり前だが、見落とされている事実だ」

「成果……」

「いいかい。成果が上がらない限りは、何をやってもゼロ。成果が上がったら、1だ。成果が上がるまでには時間がかかる。そのティッピングポイント（閾値）までは、すべてがコストだ。であれば、コストが10で成果がゼロより、コストが100で成果が1000のほうがずっといい。つまり、そういうことだ」

「中途半端にやってはいけないということですね」

「そうだ。戦略というのは、全体を俯瞰し、集中すべきポイントを見つけたら、全力で勝てるまでそこに資源を集中投下するということだ。大手の広告会社などは、全国

民が3回見るまでお金をつぎ込まないと、CMには意味がないと言っているよ」

「だとすると、どうしたらいいでしょうか」

「だから最初に君はコーチに聞くんだ。『**成果が上がるまでにどのくらいの期間と時間とお金がかかるか**』ってね」

「コーチだからこそ、その算段が出せるんですね」

「そう。あとは気分、というか『めんどくささ』だって立派なコストだ。最初にこれらのコストを〝全部〟見積もっておくのは継続のための大事なコツさ」

「僕は今まで、とりあえず始めてみよう、と思っていましたが、その考えは間違いだったんですね」

「そうだ。初めに戦略と計画ありきだ」

システムを「根源的欲求」に結びつける

「おや、もうすぐ式が始まるんじゃないかな？」

ロビーには人がだいぶ集まっていた。いつの間にか話し込んでいて、友人の披露宴のことを忘れていた。

「じゃあ、今日話したことをまとめよう。成功のための唯一の鍵は？」

「成功するまでやめないこと」

「そう。そしてそのための基本的なサイクルは？」

「計画・実行・修正を淡々と回すこと」

「メモをとっていないのに、君は優秀だね」

「心のメモに記してますので！」

「では、その他の継続システムの仕組みをいくつか教えておこう。1つは、根源欲求に紐づける力だ」

「欲求……」

「単純なことさ。君なら、お金が欲しい、女性からモテたい。本能的な欲求だ」

「いい家に住みたい！」

「それから社会的名誉みたいなものがあるね。女性なら経済的自立が目標かな？　男性に頼らずに1人でも食べていけるようになりたいと思っている女性は増えている」

「新婦のほうが新郎より年収が高いカップルもいますね」

「もちろん、人生の目的や根本的な価値観、正義感や原体験といったものでもいい。幼少期に家が火事になった。燃え盛る炎の中、消防士に助けられた。その時の記憶で、消防士になる。そんな経験はないかな？」

「すいません、ないです」

「だろうね。だが、**君が習得しようとしているものと、これらの永続的とでもいってよい根源欲求との関係をしっかり言語化してごらん。**そうすれば君は絶対、それをやめようとは思わないはずだ」

「そうか」

「それから、長期的には効果が期待できるけど、短期的には実感できないものもあるはずだ。たとえばさっき話した『健康』。これこそ、一朝一夕でできることじゃない」

「そうですね」

「その場合は、**短期的な報酬を付け加える仕組み**を考えるんだ。健康のために漢方を飲む。しかし、漢方は味がいまいちだとする。ならば、メイプルシロップをかけて飲む。これが、短期的な報酬を付け加えることだ。ほとんどの人はすぐに成果が出る短絡的な手段に飛びついてしまう。本当は漢方薬がいいのに、エナジードリンクを飲んでなんとか気力を振り絞るといった感じにね」

「僕も飲んじゃうな、エナジードリンク」

「そこにはやはり私の嫌いな『がんばる』が見え隠れするね」

「24時間がんばれますか？とかですね」

「だが、それはとても非効率な方法だよ。クールな言い方をしてしまえば、とても経済効率がよくないともいえる。健康の経済的価値は計りしれないからね。**たとえば運動で7年、禁煙で5年、現役時間が伸びる。つまり5000万〜2億円の価値があるってことだ**」

「シビアですね」

「先に言った、曖昧なことを、数字に落としてみる。言語化してみるというスキルはとても有効的だ。君はタバコを吸わないね？」

「はい」

「懸命だよ。誰だって5000万円もらえるなら禁煙したいと思うだろうからね。実際にやるかは別としても」

「5000万円ですか……」

成功者は1回で終わる仕組みを作る

「他にも方法はある。1回で終わらせてしまうことさ。たとえば、痩せるために脂肪を除去するといった手術をしてしまうようなこと。これなら楽だろう。乱暴だけど回数を減らすことでコストを減らす方法はある」

「確かに、それなら1回で済みますね」

「先ほどの苦い漢方薬の例なら、朝の1回で3包、つまり1日分全部飲むとかね(笑)。苦い体験は少ないほうがいい。それだってやめるよりは続けたほうが効果がある。乱暴な話だけど。こういうのを〝**エフェメラライゼーション**〟**という。1回やったらあとはずっと続く**という意味だ」

「エフェメラライゼーション」

「事業を創るのが上手な人は、1回システムを創って、あとは自動的に回るようにするのが得意な人だ。エフェメラライズに長けているという。セミナー講師が、1回のセミナーをDVDにすることで利益を得たり、グーグルも一度システムを作れば、あとはアップデートするだけ、という状態にしているね。前に話した投資家のウォーレン・バフェットもそうだ。彼はよく言っているよ。『**その会社の株を一生持ち続ける気がないなら、一瞬だって持ってはならないってね。投資のコツは、10年株に投資することとさ**』とね」

紳士は話を続けた。

「自動化も大事だ。できるだけ**意思に頼らないで自動的にできる方法**を選ぶんだ。君は歯並びがいいが、矯正をした歯並びではないね」

「そうですね」

「小さい頃から、魚などの堅いものを食べてきたおかげだろう」

「おやつに魚の干物ばかり食べてました」

「その投資が、今矯正をしなくても、きれいな歯を生んでいる。素晴らしいことだ」

「はい」

「歯の矯正でたとえるなら、マウスピースを毎日はめる新しい矯正手法より、古い方法だけどワイヤー矯正のほうがいいだろう。ワイヤーは自分で外せないから、あとは勝手に歯が揃う。背筋の矯正もベルトをつけたほうが楽だ。背筋をいつも伸ばそう！なんて意思や努力は無駄だ。続かないし、意識を分散させるのはそれだけ時間のロスだからね。強制的に自動的に行なわれる方法のほうがずっと有効だよ」

自動的にできる方法か。コンピューターで自動化するとか、考えてみれば色々な方法があるはずだ。

「さて、式が始まる。今日のレクチャーはここまでにしておこう。ちなみに、これから祝福を受ける君の友達は、君よりも稼ぎがいいと見たが」

最後に、またテンションの下がる推理だ。僕の気持ちを察したのか、紳士は申し訳なさそうに言った。

「このホテルで式を挙げるのは、君の年齢から見ると少々割高だからね」

「いつの間にか水をあけられてしまいました」

「お金持ちになりたいかい？」

「そりゃもちろん」

「確かにお金は便利なコミュニケーションツールだ。だがその話はまた次の機会にしよう。まず君は成果を上げる方法を学ぶんだ。つまり学ぶ方法を学ぶってことさ」

「はい」

「今日話したこと。これが人生のＯＳ（オペレーティングシステム）さ。お金を得ることや事業の技術は、その上にのっかっているアプリケーションにすぎない。これもいずれ話そう」

そう言って、僕は紳士と別れた。

披露宴会場は人でいっぱいだった。人生の新たな門出を迎える2人を見ながら、僕の人生も大きく動き出したような気がした。

心のメモ1

テーマ；

学ぶことを学ぶ。継続する仕組みを作る

・成功のコツは、成功するまでやること
・そのためには、「継続する」仕組みを作ること

〈継続する仕組み〉

・計画・実行・修正の回転を速く回す
・作業は成果を上げない
・才能や個性よりも「プロジェクトにする」ことが大事
・ログを溜める機械と、フィードバックをくれるコーチを使う
・根源的欲求に結びつけて、やるべきことを言語化する
Ex.「出世して認められたいから、MBAの勉強をする」など
・曖昧なことを数字に落としてみる
・1回で終わらせられるものは1回で終わらせる（エフェメラライゼーション）
・自動化できる仕組みを作る

第2章

格差社会と沈む日本を乗り越える

式はつつがなく終了した。紳士と会話をしたおかげで、僕の気分は高揚し、少々お酒を飲みすぎた。二次会でも飲酒のペースは上がり僕は泥酔のままタクシーに放り込まれた。

翌朝、二日酔いの頭をなんとか起こし、テレビをつける。普段ならお昼すぎまで寝ている僕だったが、今日からは違う。紳士に出会ったことによって何かが目覚めようとしているのを感じるのだ。

日曜の朝のテレビ番組は、この1週間に起きた事件をまとめるニュース番組が多い。世界を見るにはあまりにも単純な手だが、今の僕のアンテナはビンビンだ。

しかししばらくして、僕の気持ちは暗淡たるものとなった。

テレビから流れてくる政治や事件のニュースに「希望」を見ることができなかったからだ。

僕は今、変わろうとしている。しかし、この日本がいい方向に変わらない限り、それは意味のないことじゃないのか。

せっかく火がついた僕の心は、二日酔いのまどろみも手伝い、風前の灯状態になっていた。

その時、僕のケータイが鳴った。

見慣れない電話番号。しかし僕は誰からの電話かはっきりとわかった。あの紳士だ。

「もしもし」

「おはようございます」

「その声の様子だと、昨日は飲みすぎたようだね？ 昨日は披露宴だった。しかも、君自身は、自分の未来につながるような話を聞いて高揚していた。そんな時には、つい、飲みすぎるものだ」

「はい……」

「いいことだ」

「しかし、健康という面では、体に負担をかけてますし、二日酔いによる効率の低下は、貴重な時間を失っています」

「さっそく昨日、話したことが身についてきましたね。しかし『はめをはずす』というのは、体にはともかく心にはいいこと。外すときは、とことんやるといい」

「はい」

ここまで肯定されると、二日酔いさえ、よいことのような気がしてくる。

「ところで、ランチなんてどうかなと思い電話をしたのだが。きっと私の推理では……」

また紳士と話ができるのは嬉しかったので、その言葉を遮るように言った。

「ぜひ！　僕もまたお話を聞きたいと思っていたのです！」

僕は紳士と、ランチタイムより少し遅めの時間に会う約束をした。

ニュースを見て思った「この国の未来」について聞きたいことが、頭からあふれそうだった。いつの間にか二日酔いはどこかへ消え去っていた。

＊＊＊

紳士が指摘した店は、オフィス街の大通りから1本入った、小さなレストラン。

休日だというのに、店内のテーブルはほぼ埋まっていた。

「オフィス街のレストランなのに、休日にオープンしているんですね」

「私達のように、こうして休日でもビジネスの話をする人はたくさんいるということさ。休日は平日と違うテンションで落ち着いて仕事が進む。さて、君にはまだ話し足りないことが山ほどある」

「あの、その前に、今日は1つ質問があるのですが」

「どうぞ、答えられる限り答えよう」

「今朝、ニュースを見ていたのですが、政治や経済、年金や社会保障の問題、それに、震災復興や、事件など、この日本が抱える不安要素がたくさんあると思うんです。昨日、あなたのお話を聞いて、自分の未来に少し希望の光が差したと思ったのですが、僕がここにいる日本そのものに希望を見いだせない気がして」

「どうせ何をやっても無意味なのでは、と思ったわけだね？」

「はい……」

日本の未来は暗い。でも、「日本人」はどうか？

「君は日本の将来について、どう思うかね？」

「僕もそうですが、多くの人が悲観的になっていると思います。さっきは政治経済なんて偉そうなこと言いましたが、自分のサイズで考えて、年金や仕事のこと、この先、家族を持てるのかとか……」

「まぁ、ニュースは主に問題を提示するものさ。NHKのニュースが、猫の駅長の紹介に始まり、道の駅の看板娘のドキュメント、珊瑚礁のガイドをする美人すぎるダイバーの話題で終わったら、逆にどうだい？」

「……不安ですね」

「確かに、**日本の未来は暗く見える。でも〝日本人〟はどうかな？** より自由で幸福に過ごすようになると私は思う」

「〝日本〟と〝日本人〟は違うのですか？」

「違う。つまり、**君個人と日本という国（共同体）はまったく別物だ。**国は壊れるかもしれないが、君は問題ない」

「国が壊れたら僕達も困るのではないですか？」

「それは、国というものについて、あまりにも他人任せだからだよ。たとえば、君の会社が明日の月曜に突然倒産していたとする」

「まぁ、あり得ない話ではないですね……」

「では、何か月か前に『会社が潰れるぞー！』とアナウンスされていたら、君はどんな行動に出る？」

「そうですね……今の僕なら、何かしら、会社が倒産しないよう動くと思います」

「では、今の状況はどうだろう。日々飛び交うニュースによって『日本が倒産するぞー!』とアナウンスされているのと同じじゃないかな?」

「そ、そうですね……。でも会社と国は……」

「同じだよ。個人でも組織でも、それが国であったとしても。**問題を解決できる手段は無数にあるし、そのどれも実現できる可能性を秘めている**」

「では、もしあなたがこの国を救う手段があるとしたら、どんな手が考えられますか?」

「私は少々歳をとった。私が君だったら、どんな行動をとるか、そのシミュレーションを話してもいいかな?」

「僕があなたに!?」

「そうだ。若い君が、もし眼前で国が滅びようとしているのを目撃したら、どう行動するか」

「ぜひ、お聞かせ願いたい」

日本を解散する⁉

「そうだなぁ。**日本を解散してもう一度、新しい共同体を作り始める**だろう」

「いきなりすごいことを〝僕〟は考えつくのですね……」

（それはないだろう……自分）、というのが僕の本音だ。

「日本が1つの国となったのは、ここわずか100年のことにすぎない。だったら、〝一度、解散して、小さな共同体をいくつも作ればよいのではないか〟とね」

確かに、江戸時代の「藩」など、中央政府からある程度独立した制度もあった。そんなようなことだろうか。

「これから日本が**世界と競争していくためには、国自体のブランディングが必要だ**。スイスなら観光、フランスならファッションなど、ブランディングを図って生き残る国もある。しかし、今、日本全体をブランディングするのは難しいだろう。であれば、個々の地域がそれぞれにモデルを持って、ブランディングを図っていってはどうかと考えるんだ」

紳士は、僕に尋ねた。

「たとえば、君が日本全体をブランディングするとしたら、どうする？」

「難しいなぁ……〝うどんの国〟とかですか？」

「……君は意外なところをついてくるね。でも、日本はうどんだけじゃない。関東と関西でさえ、うどんの汁の色が全然違う。日本を1つと考えるからダメなんだ。さぁ、君ならどうする？」

「……日本を……解散して、地域ごとにブランディングをする、……ですか？」

「そう！　**個々の地域がそれぞれにモデルを持って、ブランディングを図っていってはどうか！**　私は、おそらく日本は5つのブロックを中心に分かれてくると思っている。東京圏・京都・瀬戸内・九州・北陸だ（59ページ図2－1）」

「沖縄や北海道は？」

「より独立の気運を増すだろう、もともとそうだったからね。ちなみに、東北はしばらく時間がかかるだろう。私は東北の復興は、20兆円の税金を投じてすべきことではなかったと思っている」

「でも、東北の人達のために必要ですよ！」

「もちろん、人は助けなければならないが、土地は自然の再生に任せるべきだった。砂漠に水を撒く行為は国の破綻を早めただけだ。従来、東北地方は東京に依存してきた。征夷大将軍という言葉を聞いたことはあるだろう？」

「坂上田村麻呂でしたっけ……」

「そう、彼が東北地方の征服をした時から、この地方は、中央幕府に従属していた。ただし、奥州藤原家のように、独自にこの地方に居を構え、コミュニティを形成していった人達もいる。東北もそのような自主的な資本や開拓精神のある人材に任せるべきだ。政府が介入することではない。ただコンクリートで海岸沿いを固めてより景観を劣悪にするだけだからね。土建業者があぶく銭を町で使って終わりさ（笑）」

「随分手厳しい意見ですね」

「そうかな。今朝ニュースを見て少なからず、福島の復興の姿には疑問を持っているはずだ」

確かに復興のための予算は必要かもしれないが、それを何に使ったのか。「復興」というお題目で非効率なことも行なわれているかもしれない。


「他の地域の話に移ろうか。まず九州」

「そうだなぁ。アジアに近い……とか……？」

「九州は、もともと朝貢貿易の時代から、大陸（中国）との関係が強かった。これか

図2-1 日本解散論

- ブロック制・都市国家へと変わる
- 日本全体のブランディングは不可能

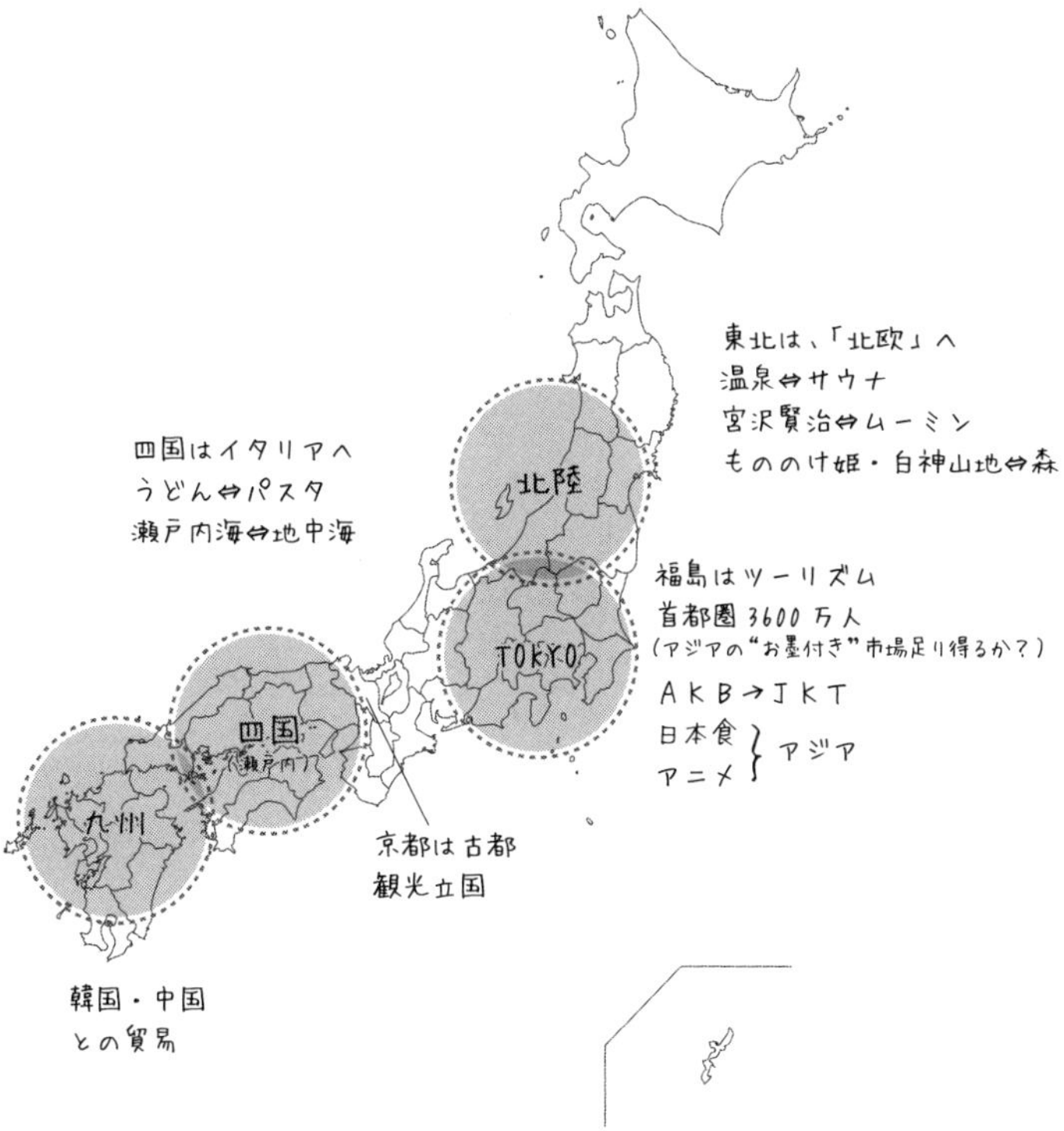

らはますます大陸との取引を強めていくだろう。東京を向くよりも上海やソウルを向いて仕事をする人も増えるかな。実際、羽田（東京）よりも距離的にそちらのほうが近いからね。続いて、四国はどうだろう」

「瀬戸内海、海の恵」

「ならば、日本のイタリアを目指そう。海の幸にワインだったら、こちらは、海の幸にポンジュースだ。アートや穏やかな海、豊かな海産資源、人々のつながりを大事にして新しい共同体をすでに作り始めている。経済よりも生活を大切にしていくだろう。うどんはパスタに、瀬戸内海は地中海になるといいだろうね（笑）」

「パスタの代わりにうどんですね！」

「同じように、北陸は北欧を目指すべきだと思う。厳しい冬がある所は、漆や包丁、和紙、眼鏡などの精密機器などの伝統産業が育ちやすい。北欧（ノルウェー・フィンランド・スウェーデン）のような、すぐれたデザインと開放的な市民主義、緻密で世界最先端の産業技術が北陸にはある」

「日本の技術の中核を担う技術工場がひしめいていますものね」

「新しく開放的なデザインを取り込んでゆけば、ＩＫＥＡのような世界的な企業がこの地方から生まれてもおかしくない。それに、温泉はサウナに匹敵するし、海産物が豊かなのは北欧も同様だ」

東京は、アジアのお墨つき市場になる

「じゃあ、東京はどうでしょうか」

「東京は千葉や埼玉、神奈川を含めると、3500万人(2014年総務省)の世界最大の都市国家となる。東京の価値は、**アジアのお墨つき市場**となることだ」

「お墨つき?」

「東京で成功したものがアジアで受け入れられる、という免罪符をつけるのさ。AKBが成功したらJKT(ジャカルタ)も成功する」

「AKBが全米ツアーをするとか?」

「欧米への進出は難しいところでね、昔、女子十二楽坊というのがあっただろう?」

女子十二楽坊とは、中国やアジアの楽器を使って、ポップスやクラシックなど、しゃれた音楽を披露する女性ユニットだ。

「東京、つまり日本では成功した。しかし、次にロスに行ったら成功しなかった。欧米とアジアは文化が違う。東京のブランドはアジアで通用するんだ。だからまずは東

京でブランドを作る。そしてそれをアジアに文化輸出する。そのような方程式を作るんだ」

「アジアは、日本をお手本にしているところがありますからね」

「しかし、最近の日本の鈍化を鋭く見抜いているアジアの人達は、日本を飛び越え、欧米などをお手本にしだしている。今こそ〝TOKYO〟というブランドを改めて打ち出すべきだ。金融でも製造でもない。言語化できない価値、つまり〝文化〟が東京の価値の中心になる。なにせミシュランの星が世界で一番多いのはパリではなく、東京だ。そしてターゲットとなるアジアの30億人の市場はあまりに大きい」

「え!? あんまり恩恵を被っている気はしないのですが……」

「東京は重層的な都市だ。これほどカオスに満ちて面白い都市は世界にない。もっと誇るべきだ」

「地方」で国造りをする生き方

「日本を1つの国として捉えると、借金も膨大で、どうしようもなく感じるけど、ブロックに分かれて、**それぞれが独自性を持ってコミュニティを作っていけば、なんだ**

かうまくいきそうな気がする！」

「実際、地方再生の声があったり、大阪などは大阪都構想も挙げていたしね。ニュースを見ても、若い人が町興しに携わったり、生活費の安い地域で起業をしたり、アート的な活動をしたり。元気な人達がたくさんいる。君を暗淡とした気分にさせたトップニュースのあとによくやっているだろう？」

「そうですね。ある意味、自分の居場所を見つけている人達にも見えます」

「都市でくすぶっているよりも、よっぽど活躍の場があるかもしれない」

「じゃあ、もし国がブロック分けを始めるとして、僕個人はどうすればいいいんだろう」

「ブロック個々を〝国〟と定義した場合、**君はその国造りに携わるんだ。**1つか2つの地域を選んで、早々にその国造りにかかわるべきだね。**最近はIターンや、自分の出所とは関係ない地方の市役所なんかを志望する人もいるよ**」

「国造りかぁ」

「21世紀の仕事は、金を稼ぐこと、つまり経済にはない。共同体を作ることだ。機械がいくら進化しても、共同体を作ることはできない。それは人の仕事だ。国ができるまで20年はかかるだろう。まだ場所を決めていないなら遅すぎるかもしれない」

「遅すぎるって……これは妄想の世界ですよね」

僕は今も出遅れているのではと、少し心配になる。


「世の中は得てして妄想が現実化してしまうものだよ」

「僕はどのエリアに行くべきか……」

「まずは日本を回ってみること。頼るのは、君の直観だ」

理論的な話から急に「直観」なんて曖昧な話になり、びっくりした。

「直観は膨大な情報から本質を見抜く力だ。いちいちあらゆる情報を紐解いているほど、人は暇じゃない。しかし、人は情報を統合する直観力を持っているんだ。君のコミットする場所は、すぐには決まらないかもしれない。東京と地方をしばらく移動し、2拠点生活を送ることになる人だって増えるだろう」

想像とはいえ、紳士の話はどこか具体的だ。


「エストニアだ」

「エストニア……?」

「ロシアから1991年に独立した小国で、**世界最高の医療ＩＴインフラを持っている。国を造ったのは当時30代の若者達だったからだ。**この国の姿から、ビジネスや企業のような経済体だけを考えていてはだめだということがわかってくる。繰り返し言うよ。君達は、共同体を作らなければならない時代にいる。つまり、産業だけでなく、教育や福祉、法や市場、行政システムまで含めて造り上げる必要があるということだ」

紳士は続けた。

「まぁ、もし、地方での国造りが現実化したら、日本は混乱の時期が訪れるだろうがね。それが嫌なら国外に出るのも一手ではある。でも、**小さなコミュニティに属しながら、ネットワークでグローバルにつながることもできる。**今後は、コミュニティでの立ち位置と、ネットワークでの立ち位置と、両方を持つ人が主流になるのではないかな。そのそれぞれで、自分の居場所を獲得するんだ」

「居場所ですか？」

「アメリカではトライセクターリーダーというのもキャリアの基本になっているよ。事業家でありながら、行政に務めたり、学者でもあったり。大物すぎる例かもしれないけど、オバマ大統領もそうだし、ブルームバーグも世界的な金融システム企業を作った後、ニューヨークの市長をやっていた。日本でも、被災地の支援団体で活躍しながら、会社員だったり、学者だったり、という人が増えたよね。会社員なら会社員、起業家なら起業家で一生を終えるなんて固定観念にすぎない。会社員が学者になったり、学者が起業したり、まったく自由なキャリアを作れる時代になってきているとと思うよ。トライセクターキャリアは、今後意識していくべきだと思う」

「自分の食い扶持を稼ぐだけでなく、コミュニティのことまで責任を持つということですね。できるでしょうか?」

「できるとも。むしろ**食べていくために、コミュニティを作ることが大事**だと気づくだろう」

「コミュニティ……」

「**コミュニティを強くすればするほど、お金を使わなくて済む**からだ。お金は、コミュニティの、つまり価値観や人生を共有していない相手とコミュニケーションするための摩擦のいらない言語だからね」

「お金が言葉……。信頼している人なら本でもDVDでも、大金でないならお金も貸すけど、知らない人が借りる場合は、レンタルサービスもアコムもお金をとる。そんなことですか?」

未来に価値を生み出すもの、他人の幸福につながるものに「お金」を流す

「若者はすぐにお金を欲しがる。でもその前にお金とは何かを知らなければならない。お金はもちろん、経済活動のための言語の1つだ。しかも最強のね。お金の定義は、『信用を伴う数字』。数字というのは、世界70億人すべてが理解できる言語だろう。ゆえに、お金は最強言語であるとともに、最終言語であるとも言う。お金を調達することをファイナンスと言うだろう。あれは、ラテン語のフィニッシュ、つまり、人間関係の最後に使う言葉からきている。離婚の時は慰謝料を払うだろう（笑）。そういうことだ。

それと、**お金はただの数字ではない。〝信用〟を伴う数字だ。**お金の信用を支えてきたのは、古くは、貝や金《きん》、今は国家、そしてこれからはアルゴリズムだね。ビットコインなどブロックチェーン通貨が流行している背景には、国家の凋落があるんだよ。でも、そういうアルゴリズムの堅牢性を信用の土台にする時代は長く続かない。通貨は、国家や金と違って、いくらでも作れてしまうからね。結局、信用の土台は、個人（individual：分けがたい個体）に返ってくる。個人の信用と、その数字、つま

り『時間』が通貨になるだろう。

だから君は、今のお金を貯めようとするな。**お金は流し続けなさい。未来に向けて、価値を生み出すものに向けて、他人の幸福に向けて。そうすれば君は信用を作ることができる。**君という個体の中にね。そして、その個体の時間を大事にしなさい。健康はそういった意味で大切だ。いいかい？　21世紀の通貨は君の時間そのものだ。これを忘れるな！　いや、君はやがて時間さえも超えていくかもしれないがね」

紳士は不敵に笑った。その笑いの意味は、その時の僕にはわからなかった。

日本はあと10年で階層化する

「さて、君はすでに、この国の未来に悲観はしなくなった」

「はい。だいぶ希望が湧いてきました」

「これは、昨日話した『計画・実行・修正』の計画だよ。計画は何も、パソコンで作ることだけではない。未来に思いを馳せ、希望を探す行為だって、大事な計画の1つだ」

「なるほど」

「さて、ここからは、きっと君が気になる話をしよう。君の所属するコミュニティは世界まで広がっていく」

「どういうことですか？」

「21世紀のコミュニティは土地に縛られない。むしろ考え方や価値観、教養といった個人の内的な傾向で形成されてくるだろう。そしてじわじわと**階層化されていく**」

「階層……」

「君達のような若い人達が、特に敏感なワード〝**格差**〟が生じるんだよ」

「格差社会。確かに、学生時代は、勝ち組だ負け組だって、自分達でプレッシャーをかけてる感じはありましたね」

「昨日の結婚式だってそうだ。君の同級生との再会。お互い密かに牽制し合い、自分は負けてないということをアピールしていたはずだ。でも、それが嫌で君は時計を外していたんだろう」

「はい。あなたから見て、今この国での格差社会って、どこまで進んでいると思いますか？」

「かなり進んでいるね。君は気づいていないかもしれないが」

僕はがっかりした。

「戦後は民主主義の名のもとに皆中流家庭となっていたが、これからはどんどんと階層が分かれ、階層間の断絶は強くなってくるだろう。今、君達が感じているのは、どんな格差かな」

「一番大きいのは、都会と田舎といった、地域での格差でしょうか」

「今後は、地域だけでなく、社会の階層までも分かれてくる」

「社会の階層化かぁ……あまりピンとこないなぁ」

「そうか？　考えてごらん。今も、そこらへんにゴロゴロしているよ。東大に行った人はそのまま官公庁などに入って、その派閥で仕事を得る。有名な私立大学で、附属の高校からそのまま入った人などは、そのコミュニティが強固だから、意外とラクに出世できていたりする。君の会社でも、よく上司達が、入って来る新人の大学のことを話している時ないかい？」

「あ、あります！　まず出身校を聞きます」

「出身コミュニティと階層が一致する部分はあるんだ」

分かれつつある「5つの階層」

「今後、その階層は、大きく5つに分かれるだろう」

「5つですか……」

「**地球市民層、都市上位層、都市下位層、地方層、非社会層**だ。すでに地球市民となっている人物、わかるかい?」

「地球市民……」

「日本はもちろん世界を魅了する能力と才能、そして努力と頭脳を持ち、輝かしい実績もある人物」

「誰だろう……」

「たとえば、イチローだ」

「あぁ、なるほど!」

「地球市民はもはや国や地域を選ばない。自由に移動するだろう。時間と空間を意識しないで暮らしている」

「そうですね! ほかの層はどういうふうになっているのですか?」

「たとえば、都市上位なら上場企業の部課長など役職についているクラスや起業家など、都市下位は、伸び悩んでいる中小企業、地方層は君の田舎の両親が住んでいる地域のことを思い出してもらえばいいんじゃないかな」

「休みの日はイオンモールに出かけたり、町ぐるみでお祭りの係が割り振られたり、そんなところでしょうか？」

「イオンは聖地らしいからね。駐車場の広さがその地域のイオンの力だと思っていい」

「その階層は何で分けられるんでしょうか？」

「**学歴・職歴・資産・収入・教養・容姿・品位**などによって分かれてくる」

「結構えぐいですね……」

「そうだね。戦後液状化したヒエラルキーが復活する。君がやるべきはその階層化が決定する前に所属する層を決めることだ」

階層を超えるために今からやるべきこと

「僕はどこにいるんだろう……」

図2-2 5つの階層

● 上に上がるためには
品位、教養、人間としての成熟など“あり方”を磨かなければならない

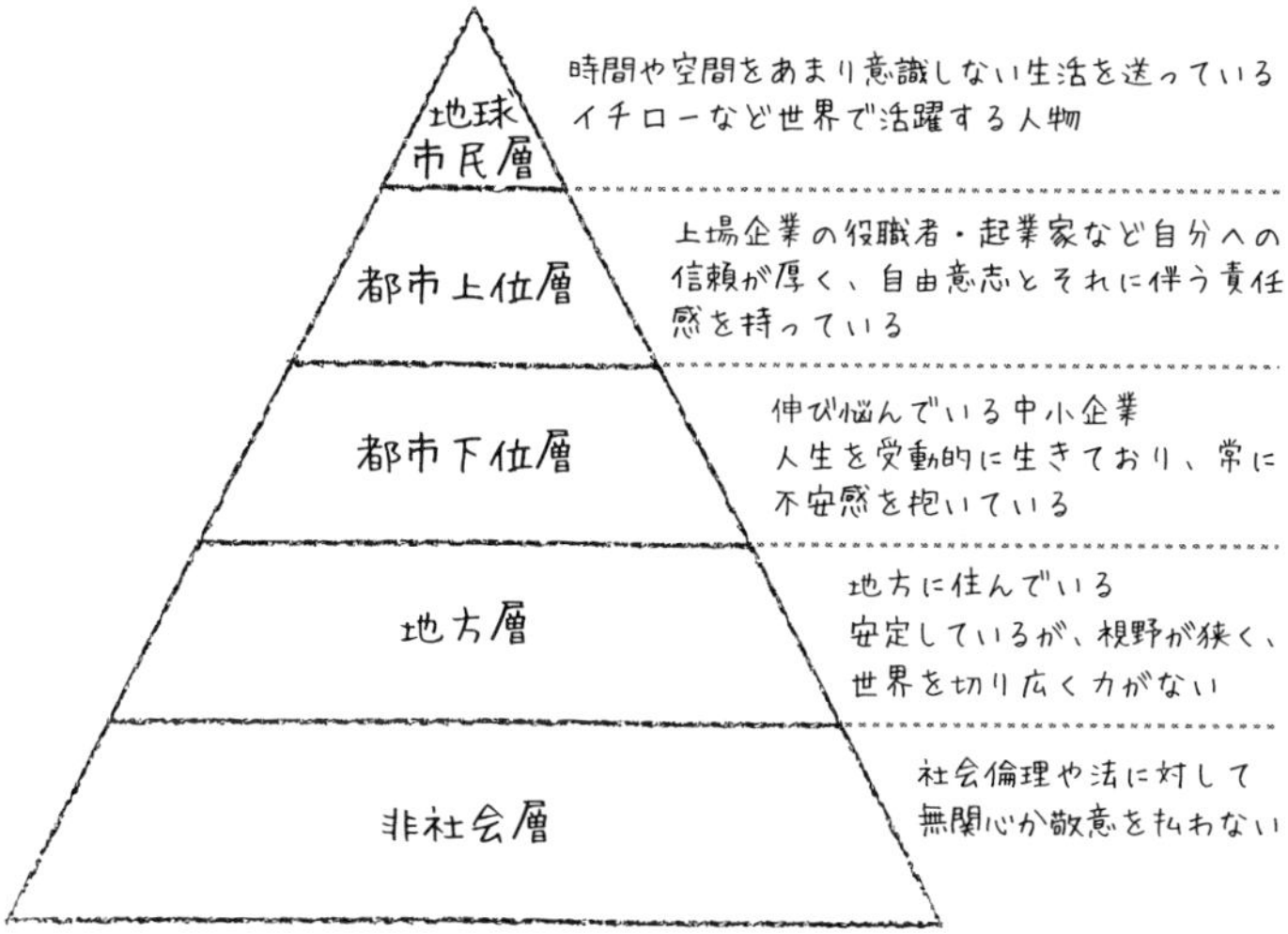
地球市民層
時間や空間をあまり意識しない生活を送っている
イチローなど世界で活躍する人物
都市上位層
上場企業の役職者・起業家など自分への信頼が厚く、自由意志とそれに伴う責任感を持っている
都市下位層
伸び悩んでいる中小企業
人生を受動的に生きており、常に不安感を抱いている
地方層
地方に住んでいる
安定しているが、視野が狭く、世界を切り広く力がない
非社会層
社会倫理や法に対して
無関心か敬意を払わない

「若者の70％以上、多くの人が、都市下位と、地方層の間にいる」

「僕は都市上位や地球市民を目指したいです」

「それなら、**スキルでなく、あり方を磨かなければならない。つまり品位や教養、人間としての成熟だ。**回り道をしている暇はない」

「なんだか自信がないな」

「そう難しい問題じゃない。今から大学院や海外留学を目指すこともできるし、転職もできるだろう。資産や収入は働き方を変えれば増やすことが可能だ。教養・容姿・品位も、今からでも意識して磨ける。自分が尊敬する人をモデルとして考え方やふるまい方をマネをしたり、教養を学んだり、本を読んだり。見た目だって磨ける。学ぶ技術さえ身につけていれば、なんでも学べるんだ」


「でも、階層化が進むと、もっと大変なことになりますよね」

「そうでもない。階層化はある意味、社会に安定をもたらすだろう」

「安定ですか!?」

「ヨーロッパはすでに階層が固定化されている。ドイツなら中学くらいには人生のパターンが決まるし、英国では生まれた時からほぼ人生のルートは確定している。もちろん例外もあるよ。ベッカムやビートルズのようにね。**それに比べれば日本はまだ上位階層に行くチャンスが残されているともいえる**」

「僕もベッカムみたいになれますかね」

「ただし**あと10年以内に階層の蓋は閉じる**だろう」

「あぁ、不安になってきた……」

「上に行くなら今だよ。すでに階層化は始まっている」

「でも、今からで大丈夫なのでしょうか？　もう就職のときから、大学によってランクづけされている気がします」

「学生のランクづけは、大手の就職支援会社のマニュアルではたった3つの視点で行なわれている」

「3つ!?」

「彼らは学生に会って30分で、それを評価する。何だと思う？」

「そうですね……論理力やコミュニケーション力とかですか？」

彼は首を振った。

「柔軟性、言語化能力、品格と教養だ」

「大手企業」の指標は、柔軟性・言語化能力・品格と教養

「まず、**柔軟性とは、〝自意識の解消度合い〟のこと**だ」

「自意識過剰の自意識ですか？」

「そう。人は、端的にいえば、記憶の結晶体だ。物心ついてから様々なことを感じ、考え、体験する中で、価値観を作っていく。それらは、よくいえば美学や信念だし、悪くいえば偏見だ。人は生まれた時は丸いもの。何も偏りがない。自他の区別さえない。まったく真っ白だ。しかし、その後どんどんと知識と情報を得て、凝り固まっていく。それが〝自我〟だ」

「確かに、自我が強い人って周りから浮いてましたね」

「自我は厄介だ。身体でいえば腫瘍のようなものだ。このゴツゴツした心の腫瘍である自我をできるだけ持たないほうがうまくいく」

「でも、それでは、中身のない人間じゃないですか？」

「別に空っぽの人間になれとは言っていない。仕事をするということをどう捉えているかということさ。**そもそも仕事とは、他人や社会に貢献すること**だろう？　だった

ら、**自分でなく相手に合わせられるかどうかってことが必要だ。**変に自分のやり方や成功に凝り固まっている人は、人が求めることをやっているようで、自分の自我を押し売りしているにすぎない。主観や自我がないほうが、外に意識を向けられるに決まっている。そういうことを評価するんだ」

「でも、それではよくいう歯車と同じじゃないですか？」

「もちろん、柔軟性だけあっても意味がない、**2つ目の要素『言語化能力』**が必要だ」

「ボキャブラリーですか？」

「違う。**ものごとを客観化して表現する能力**のことだ」

「伝える力ですか」

「表現する方法は、言葉でも数字でも論理でもいい。絵を描いても、プログラムを組んでも、レゴブロックで表現しても、音楽でもなんでもいい。とにかく、考えや感じたことを〝客観化〟する技術のことなんだ」

「僕の友達に美大に行った人間がいるんですが、中学の時、クラスの出し物で劇を作ったんです。その彼が台本を書いたのですが、漫画で書いたんですよ。台本を」

「素晴らしいね。ちなみに、君の役はなんだろう……推理してみると……」

「船乗りです。セリフなしです」

「君らしいね。君の友人の武器は、〝絵〟だった。**人は誰でも自分の得意な表現方法を持っている。それをどう使えばいいかを見極め、磨いていくことを考えるべきだ**」


「3つ目の要素、**品格や教養だ**」

「そこが一番自分に足りてないと思うなぁ」

「そんなことはない。**一緒にいて楽しい人、気分のいい人になる**ということだよ」

「ありますかねぇ、僕？」

「でなければ、こんな爽やかな昼日向、君とこうしてテーブルを挟んではいないよ」

「ありがとうございます」

「外見は、先天的なことだと思うかもしれないが、実はそうでもない。努力によって後天的に獲得するものだ。**美しさは学べるし、獲得できる。**君は男だから、まずは**〝清潔感〟**という言葉を大事にするといい。歯と靴を丁寧に磨き、身なりと言葉を整えなさい。女性なら、〝透明感〟がそれにあたる」

「美も学習ですか」

「外見とは君の顔の造形のことじゃないよ。君の努力によっていくらでも高めていくことができるんだ。身体を引き締め、背筋を伸ばし、髪を短く刈りこんで、整えなさい。そしていいかい？ これが最も重要なことだ。**それは君のためにやるのではないってことだ**」

「え？」

「身だしなみ、それは他人に対する尊敬であり、愛でもある」

「身だしなみが愛ですか……」

「これは、上の階層にいる人なら持っているものだよ。逆にいえば、これを持っていれば、チャンスがあれば、上に行くこともできる。だから、自分でコントロールして高めていくんだ」

論理力やコミュニケーション力をどう使うか？

「さて、君が先に言った、**論理力やコミュニケーション力**という指標は、実は、この**柔軟性（自意識の解消度合い）、言語化能力、品格・教養と密接に絡み合っている**」

「たとえば？」

「論理との関係でいえば、自意識があれば、主観的な考え方が強くなり、客観的、つまり論理的にはなれなくなる。そして、言語化能力の中で、論理は最もポピュラーな方法だ、教養や知識がなければ論理を構築するための材料に欠けることになる」

「なるほど」

「コミュニケーション力との関係でいえば、自我が強い人は、自慢しがちで人の話を傾聴できないし、言語化能力がなければ伝わらない、品格や教養は、心地よい会話の時間とキャッチボールにとって大切だ。だから、この3つの指標と、論理力・コミュニケーション力というのは、タテとヨコの関係にあるんだよ」

「よくわかりました！」

「大手企業はこの3つで瞬時に学生をS、A、B、C、D、Eに分類している」

「階層化の元ですね……」

「大企業が採るのはBまでだ。Sクラスはそもそも就職活動をしないからね。馬鹿げたことに、電子的に履歴書をやりとりすることで、就職活動がくだらない指標、たとえば学歴などで足切りせざるを得なくなっている。お互いの本質を捉える時間とコストを採用に割けない状態だね。これはお互いにとって損な状況だ」

「もし大企業に行きたいといったら、そういうことなんですね」

図2-3 論理力とコミュニケーションとランクづけの指標の関係

	論理力	コミュニケーション力
柔軟性 社会に貢献するために必要	自意識が強い（柔軟性に欠ける）と客観的になれなくなる	自我が強いと自慢しがちで人の話を傾聴できない
言語化能力 ものごとを言葉・数字・アートで表現する	論理がポピュラー	ないと伝わらない
品格・教養 一緒にいて楽しい気分がいい	教養・知識がなければ論理を構築する材料に欠ける	心地よい会話のために必要

「そもそも偏差値は、明治になって華族制度をやめることになったときに、福沢諭吉が〝学問のすすめ〟でこれからは、学んだ者が上に行けるんだよ、と言い出してから作られた指標にすぎない。わずか100年だ。そしてそれはもう賞味期限切れだ」

「でもまだ多くの企業が使っていますよね」

「大企業は特にね。だからベンチャーは、ラッキーなことに古い指標（偏差値）にとらわれることなく、新しい指標、**主体性、創造力や直観力、学ぶ技術力、真摯さ・誠実さ**に基づいて採用することができる」

「それは、どんなものですか」

「主体性としては、まず、**悩みの解決はすべて主体的に行なう**、ということ。**絶対に他人のせいにしてはいけない**。実際に問題とは、**他人との摩擦が生み出した自分の心の中にある感情のこと**だからね。学ぶ技術は、出会った頃に話したよね。それがすべての基本だ」

「僕は古い企業社会にいるのですが、このままで順当に人生を送れるのか。このままでは新しい時代についていけないのではないかって不安になるのです」

「そう不安がることはないと思うな。順当な人生っていっても、すでに古い企業社会でのレールは壊れているじゃないか？　平成21年の調査では、大学を卒業して大手企業の課長になる**『平均的サラリーマンの日本人』は１００人に３人**となったんだよ。一軒家を立てて老後は年金生活なんて夢のまた夢だ。でも、心配はない。淡々と新しい世界に合わせていけばいいのだから。もっと大変なことはたくさんあるよ」

「もっと大変なことですか……」

「次はこれからの社会の価値観の変化について話そう」

「お願いします！」

「では、食後のデザートでも頼もうかな」

心のメモ2

テーマ：

日本の未来について

〈日本の未来について〉

・日本人と日本は違う
・日本が競争力を持つために
ブロック化して、それぞれの地域のブランディングを強化する
東京はアジアのお墨つき市場になる

・今後は、「地方」で国造りをする生き方もある
・地方のコミュニティとグローバルネットワークのコミュニティの両方で居場所を作る

〈日本の階層化について〉

・あと10年で階層化の蓋が閉じる
・階層を上がるために必要なもの
あり方を磨く、品位や教養、人間としての成熟

・現在の大企業で必要とされる指標
柔軟性、言語化能力、品格と教養

・ベンチャーや今後必要とされる指標
主体性、創造力や直観力、学ぶ技術力、真摯さ・誠実さ

第3章

「作る世界」から「作らない世界」へ

結婚・お金・AI（ロボット）
変わりゆく社会の中で生きること

テーブルには、品のいい甘さのケーキが運ばれてきた。

「さて、デザートの時間は、甘い話でもしようか」

「甘い話？」

「結婚だ。君はガールフレンドがいないね？」

「どこを見てそう推理したんですか？」

「これは推理じゃないな。勘だよ」

「勘ですか……」

……勘で言われたほうが、傷つくものと、僕は初めて知った。

結婚は、〝オワコン〟化するのか？

「しかし、今からの話は、〝彼女〟がテーマではない。結婚がテーマだ」

「結婚……」

「君達の世代の言葉を借りるならば、**結婚は〝オワコン〟化する**ということさ」

「そんなに結婚の未来は暗いのですか？」

「まずは数字で見てみよう（図3－1）。すでに、**男性の生涯未婚率は20％、女性の**

図3-1 生涯未婚率の推移

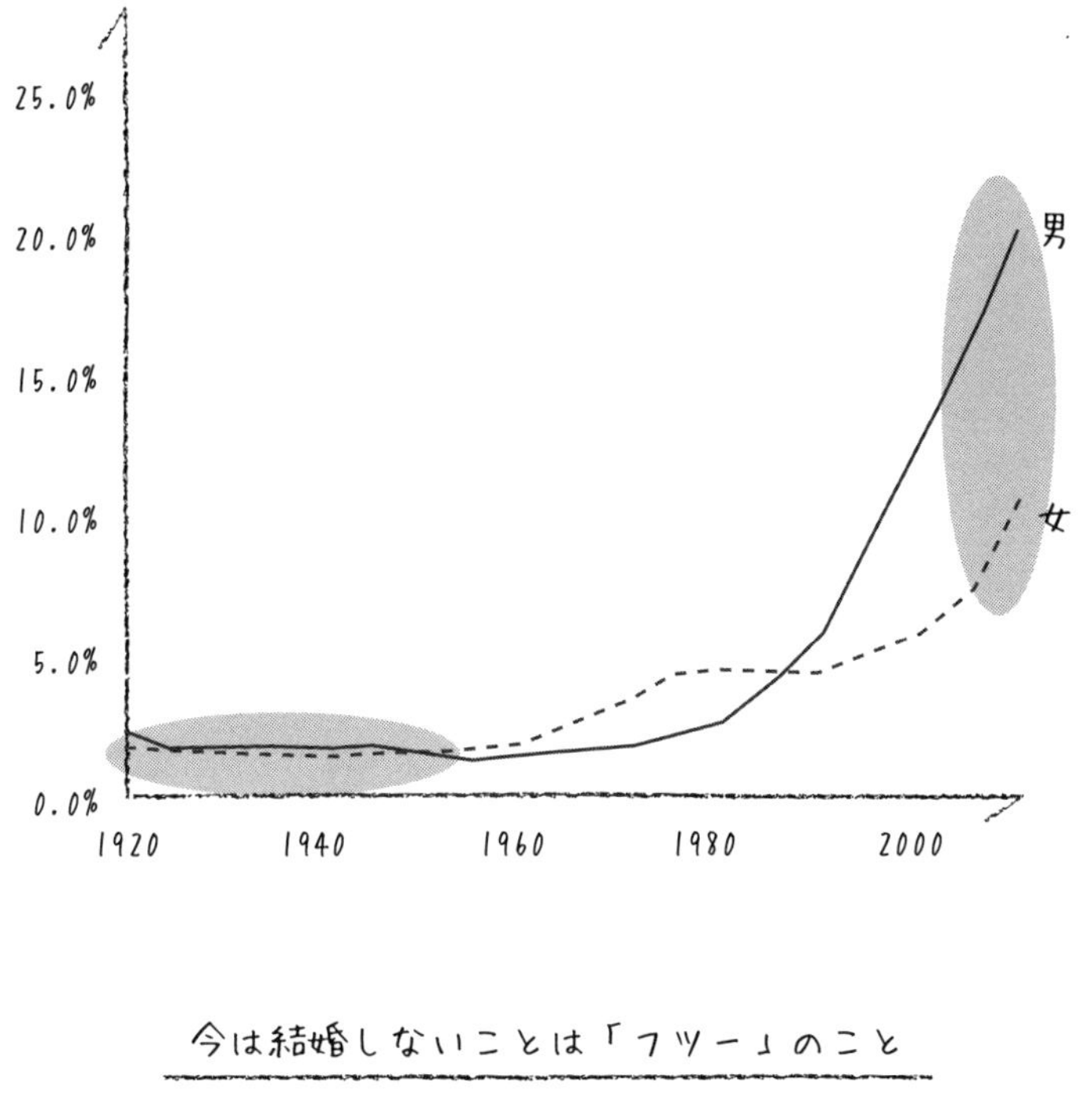

資料：国立社会保障・人口問題研究所「人口統計資料集（2012）」

生涯未婚率は10％になっている

「女性のほうが少ないのは……」

「何度も結婚している男性がいるからだね（笑）。まさに弱肉強食の時代だ」

「確かに結婚を躊躇する人は増えている気がするな」

「理由は何だね？」

「1人が気楽だからじゃないですかね？」

「結婚は、あくまで〝制度〟だ。男女のパートナーシップは、本当はもっと深いレベルで自然になされるものだ。そうだろう？」

「結婚の形は、小さい頃、両親を見て学ぶものじゃないですか」

「その通り。そして、自分もいずれ結婚することが当然のように思っていた」

「はい、まあ、そうですね」

「男性と女性のマリアージュ（有機的な結びつき）は世界で最も美しい姿の1つだ。しかし、人はつながり離れ、そしてまた結びつく。一方、結婚というのは、契約だ」

「僕の友人の女性の旦那さんが、浮気をしたらしく、その女性はカンカンに怒って、旦那さんに対して、ありとあらゆる措置をとると、息巻いています。その様子を見て、あぁ、元々は愛し合っていた2人なのになぁ……と寂しい気持ちになりました」

「民法では、浮気は犯罪だ。犯罪ということは、当然罰則も存在する。〝結婚〟は愛で始まるが、終わりは実に殺伐としている」

「そもそも、何で結婚という制度が産まれたんだろう……」

「社会秩序の維持という意味では結婚制度はよかったが、自然システムには逆らうことになっている。そして今、人々はより自然に生き始めているんだ。数字で見てみれば一目瞭然だ。先進国の多くは、**離婚率が20％に達している。私生児（婚外子）も、40％代の国が多く、スウェーデンでは54％に上る**（2008年米国商務省、日本：厚生労働省、香港：Demouraphic Yearbook Special Issues1999 Natality Statistics）。日本はわずか3％にすぎない」

「離婚は当然のことだと？」

「子どものために両親が仮面夫婦を続けているのは自然な形かい？」

「それはそうですけど……」

「別にすべての夫婦に離婚を勧めているわけじゃない。君のご両親は、今も夫婦生活を続けている。2人で助け合って、君が言うヤンキー君の制服を作り、君を立派に育て上げたことは、素晴らしいと思う」

「ありがとうございます」

「だが、お互いの愛が冷めてしまった夫婦の元で育った子はどうだろう。純粋な子どもは、愛し慈しみ合っていない両親の関係を鋭く感じとる」

「僕の家も、オヤジが一度愛人を作ったことがあったんですよ」

「君が小さい頃の話かね？」

「小学3年生の時です。おふくろが僕を連れて家を出て行った時、カーステレオからマイケル・ジャクソンが流れて、〝Beat it〟でした。あれ以来、僕、マイケル・ジャクソンが嫌いになってしまって……」

「だろう、トラウマとしてしっかりと心に根づいてしまう。それは子どもにとってより不衛生だ。さっき例に出したスウェーデンは、高い離婚率でありながら、私生児の比率が50％を超える。実は、子どもはすくすくと素直に育っているんだ。**それは両親が離婚してもあるいは結婚しなくても、彼らにとってお互いによい距離感を保ったパートナーシップを作っているからだ。もちろん社会もそれを応援し、支えている**」

「新しい夫婦の形ですか」

「そう。健全な関係が保たれれば、その分、愛情は子どもに注がれる。人は肉体でできているのではない。つながりでできている存在だ」

「つながり……」

「生物と生命は違う。生物は物理的な存在。生命は人の思い（親子でいえば愛情）の連鎖だ。人は単なる生物じゃない。生命なのだ。人の人格形成は3歳までに与えられた思いと愛情の大きさに大きく依存する。だから子どもを育てるという文脈からいえば、**本質は結婚制度にはなく、注がれる子どもへの愛情にある**ということだ。君のご両親は、離婚の危機を幾度も迎えただろうが、君への愛情は十分に注がれたことだろう。それは、君を見ればわかる」

「両親を見てると、将来は自分も安心できる家庭が欲しいなぁと思いますよ。一昨日の結婚式も、同級生で、子どもがいるやつもちらほらいて、見ててうらやましかったですからね。でも、今は結婚に対しては、あまり積極的ではないなぁ」

「家庭を求めるのは当然のことだ。家庭は社会の最少のコミュニティだし、最も大切にしなければならない。だが重要なのは、〝**結婚**〟＝〝**家庭**〟**ではない**、と知っておくことだ。自律的にパートナーシップを作り上げていくことのほうが夫婦間で大事なことなのに、結婚制度に執着してしまうと、相手への愛情を見失う。つまり硬直的な制度に〝甘えて〟しまうということさ」

「昨日うかがった国の話と同じですね。制度や決まりがあると、そこに盲目になってしまう」

「そう。時代に合った形、何より、自分と、最愛のパートナーに合った形を考え、選択していくことが大事なんだ」

「なるほど！」

「これから日本やアジアでも結婚しない夫婦（事実婚）は増えてゆくだろう。もっと自由に人生を考えなければならない。制度や風習はその経緯を大切に尊重しながらも、何が本当に大切なのかを考える必要がある」

モノを作る世界から、作らない世界へ

「ところで、君の周りに、45歳以上の人間がいるかね？」

「はい。たくさん」

「その45歳以上と話していて、どんなところに価値観の違いを感じることがあるか

ね？」

「そうですね……」

「今ぱっと浮かんだ人間がいるね」

「会社の先輩です。ちょっと見栄っ張りの……」

「その人は独身だね」

「よくわかりましたね！」

「そうだなぁ。都内、通勤時間30分圏内のマンションに1人暮らし。ローンは完遂してる。車は旧型のBMWといったところかな」

「そうです」

「では、君が見たところの、その先輩の価値観を教えてくれないかね？」

「先輩は、若い頃にバブルを経験している……。モノを欲しがる……」

「というと？」

「飲みに行って、メニューを選ぶじゃないですか」

「うむ」

「その時、必ず『じゃんじゃん持って来ちゃって』って言うんです。で、いつも食べきれず残すんですよね。僕は〝もったいないな〜〟って思って店を出るんです」

「なるほど、目に浮かぶね」

「そんなところでしょうか……」

「君達の世代と、上の世代の違いの1つは、彼らが、**more and more（多ければ多いほどいい）**、と考えていることだ」

「つまり、『じゃんじゃん持って来ちゃって』ってことですね。じゃあ、僕達は……？」

「**less is more（物事はシンプルなほうがいい）**なのではないかと、私は考えている」

「〝もったいない〟ですか」

「私はスウェーデンで行なわれた『2040年のユートピアを考える』という会議に出席したことがある。そこで印象に残ったのは、**すでにヨーロッパでは『モノを作る』ことは悪だと考えている**ことだ」

「悪……」

「モノはいずれゴミになる。それは廃棄コストにつながり、**最終的には、社会的損失となる。**家具や家電をアジアや東欧で大量生産してタンカーで運んで売りさばくなんてことはとんでもない時代錯誤だと思っている」

「でも今現在それを行なっている国がありますよね」

「アジアなどはね」

「でも、作らなければ、いずれモノはなくなってしまいますよね」

「作らなくても、モノを調達することは可能だ。たとえば、コミュニティを利用して、必要なものをお互いに譲り合う方法」

「物々交換的な？」

「そうだ。しかもそれはグローバルレベルで行なうことができる。ネットの力を使えばね」

「〝機械〟を使うんですね」

「そうだ、わかってきたじゃないか。さらに、最近注目を集めている〝機械〟を使う方法がある。何だと思うかね？」

「最新テクノロジーってことですよね……。3Dプリンターとか？」

「ビンゴ！　メーカーから直接データを送ってもらい、村に1つある3Dプリンタ工場でプリントアウトして使う。モノを大量生産して物流する必要はない」

「そんな世界が可能なんですか！」

「技術的には可能だ。モノは一か所で作って運ぶ時代じゃない」

「柔軟な発想を持てば、今すぐにでも始められること、色々ありそうですね！」

「日本でも『モノを作ることは悪だ』という価値観は、君達若者世代で浸透しつつあると私は思っている。そもそも若者はお金がないだろう」

「はい」

「しかし、それだけの理由で、若い人がシンプル思考になっているとは思わない。**モノをシェアしたり、生活をシンプルにすればするほど、人間関係や自分の住んでいる周りの空気や気持ちがよくなることを直観的に知っている世代なのではないか**」

「シェアハウスをしている人は、結構いますね」

「**これは禅の精神にもつながるが、理論物理学でも実は実証されていることだよ。**モノは少なく、整然としていたほうがいい。そのほうがエントロピーが少なく心が整理されるんだ」

「エントロピーって、物理学で乱雑さを示すものですよね」

「そう。静謐な空間は、量子が整っているという研究結果がある。肉体を持っている君達人間でさえ、本当はただの量子的存在だからね。うまくシンクロするんだ」

「へぇ……」

「住むなら便利な所でなく、気のよい所を選ぶといい」

「そのうち、不動産を選ぶ基準に〝気〟なんてのができるかもしれないですね」

「ははは、そうだね」

タテ社会からヨコ社会へ（ガンダム世代からワンピース世代へ）

「君達は、『仲間』を大事にするね」

「改めて言われるとよくわからないですが、友人は大事だと思います」

「よく〝ワンピース世代〟といわれるのもそのためだ。君は読んでいるかね？」

「家に全巻あります」

「さすが、10億冊売れた漫画だ」

「あなたは読んでますか？」

「忘れてしまったよ」

「好きなキャラはいますか？」

「チョッパー君が可愛いね」

「読んでるじゃないですか」

「意外かね？」

「はい」

と、よく見ると紳士のネクタイはチョッパー柄だった。今日の話に合わせて選んだのだろうか。


「先ほど登場した40代の先輩を例に出すと、彼らは、〝ガンダム世代〟と呼ばれているのを知っているかい？」

「ガンダム世代？」

「鈴木貴博氏の『「ワンピース世代の反乱」、「ガンダム世代の憂鬱」』（朝日新聞出版）によるものだが、ガンダムは、モビルスーツによる戦争を背景に、人間関係の縦社会の構図を描いている。ワンピースはいわずもがな、ヨコのつながりの人間関係を描いた横社会の物語だ」

「つまり僕達がヨコ社会に住んでいる、ということですか？」

「その通り。タテ社会とヨコ社会ではパラダイムがまったく違う」

「パラダイム……」

「今は、そのタテからヨコへの大きな変化の中にある。だから皆が苦しい。〝社畜〟なんて言葉が出るのは、本来、ヨコ社会世代が、タテ社会に押し込められていることによるストレスから出ている言葉だと私は思っている」

「社畜……。確かにそういうシチュエーションにいる社員は若い人が多いですね。タテ社会とヨコ社会はどう違うのでしょう?」

「今の日本を見てごらん、非常に大きな変化が起こっている。それは、マイノリティとマジョリティの比率が大きく逆転する局面にあるということなんだよ」

システムを運営するマジョリティが少数派になる

「少数派と多数派が逆転すると……」

「一見矛盾するようだが、内容はこうだ。**マジョリティというのは、これまで作り上げてきた世界・システムを維持・運営する人々。**現在の資本主義の仕組みも、このマジョリティが維持しているよね。**マイノリティというのは、そこからあぶれているが、新しい仕組みを作り出そうとする層のこと。**具体的には、ニート（60万人、疾病ニート、コミュ障ニート、高学歴ニート等）、若年派遣労働者、LGBT（同性愛者、性別越境者など。15人に1人)、シングルマザー(70万人)、独居老人(100万人)、年収200万円以下(1000万人)、つまり社会のレールから外れた人達。こういった人達が、正規雇用労働者、従業員1000人以上の会社での勤務、専門職、公務員およびその家族の総人数よりも多くなっているということなんだ」

「つまり、**少数派と多数派の逆転だ**……。でも、それは、格差社会とどう違いがあるのですか?」

「格差がある一定までくると、社会のシステムが変わる。マジョリティの社会システムというのは、タテ社会だ。これは、一番下から、労働やお金や選挙の票やらを吸い上げて、上からシャワーのように降らす、という仕組みのことだ」

「昭和の日本の姿ですね」

「一方、マイノリティというのは、中心を繰り抜かれた周辺にいる」

「周辺……」

「住んでいる所も郊外が多い。彼らは、どうするか?」

「ヨコでつながる……」

「そう。そして必要な資源をヨコで互いに融通し合うというシステムを作るんだ。これは、上からシャワーのように降らす縦社会とは違う。社会システムのあり方が全然違うんだ」

「確かに都心では隣の家に無関心というところもありますよね。郊外の住宅のほうが、お互いの行き来も多い気がします」

「そうだね」

「僕の家ではよく、夫婦喧嘩して怒りを吐き出しに、近所のおばさんが来てました」

「それは微笑ましい」

「今思えば微笑ましいですけど……。当時はリビングがおふくろとおばさんで占領されるんです。テレビがリビングにしかなかったので、好きなアニメが見れなくて、めちゃくちゃおばさんを恨んだのを覚えてます。『あの家の夫婦喧嘩のせいでアニメが見れなかった！』って」

「いやいや、しかし君の田舎は、そんなコミュニティがあるおかげで、離婚率が低いのかもしれないね」

「確かに」

必要なのは「コモディティ」でなく、「承認」である

「マジョリティが、下から吸い上げて、上から降らすことができるものは、当然ながら数字で測ることができるものに限定される。いわゆるコモディティ（匿名の製品・サービス。たとえば金・票・エネルギー）というものだ」

「一番わかりやすいのは、給料ですね」

「そう。逆にいえば、オリジナルなもの、たとえば、〝ピカソが皿に描いた絵〟なんていうのを全部吸い上げて流すのは不可能だ。そしてこの〝コモディティ〟というのは、要するに、生活（衣（医）食住）に必要な水や食料や住居だ。人間の基本的な生活に必要なのはこういったコモディティだから、人々が生存欲求を求めている時代にはこちらが便利だった」

「戦後の日本とかはまさにそれでしたね」

「でも、今の時代を見てごらん？　自殺する人は多いけど、餓死する人はまずいない。つまり、生存欲求というのはすでに満たされているんだ。むしろ断食や不食がブームになる時代だ」

図3-2 タテ社会とヨコ社会

- すでにできあがったマジョリティのシステムは基本的に「タテ」。それに対し、円心をくりぬかれた周辺部に位置するマイノリティは「ヨコ」でつながるようになる

マジョリティ

タテのシステム
下から「吸い上げて」、上から「降らす」

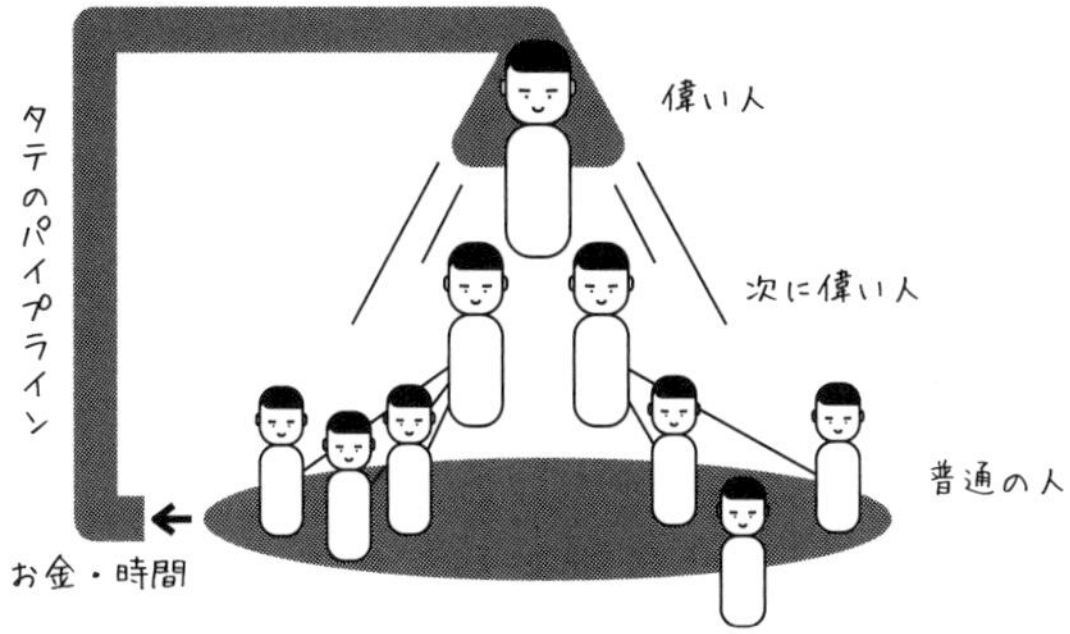

マイノリティ

ヨコのシステム
必要な資源を、つど、横で配分する

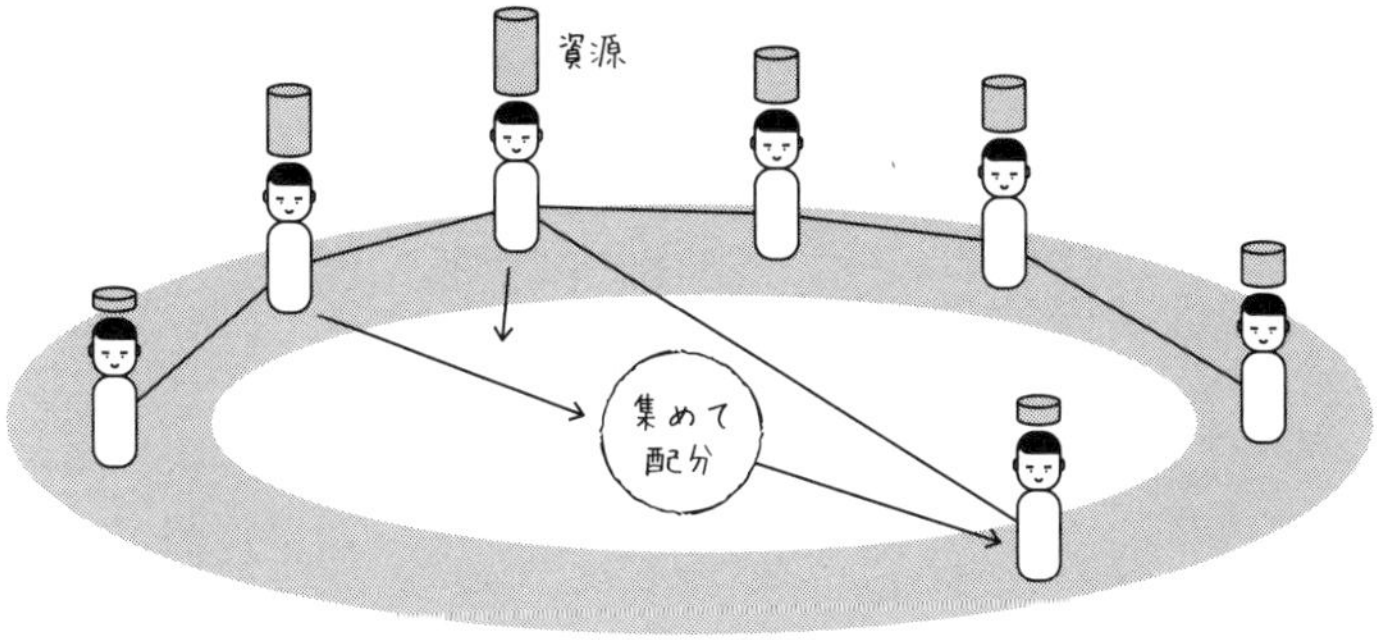

「じゃあ、どんな欲求をみんな持っているんだろう……」

「Facebookでは『いいね』の数に一喜一憂し、LINEのやりとりに熱中している。当然ながら欲求が変われば、社会も当然変わってくる」

「〝いいね〟や〝LINE〟によってできる社会って、どんな社会でしょう……」

「いいかい？　20世紀までの人権は、生存する権利・最低限度の人間的生活をする権利だった。まさに生きるための権利だ。しかし21世紀の人権はもっと上のほうまで広がると私は思うよ。**つまり、承認欲求だ。『社会から尊敬される権利』まで広がるということだ**」

「社会から尊敬される権利かぁ。僕は、中学の時にパソコンの授業があったんです。その授業中、ずーっとさぼってネットばかり見ていました。特にブログを」

「君が中学の時代だと、ミクシィやブログが流行り出した頃だね」

「それまでは人の日記なんて読む機会はなかった。あるとしても、雑誌や新聞のコラムとか、有名人や文筆家しかいなかった。普通の人の、普通の書き込みがあふれているのを見て、ふと思ったんです。あぁ、一億総主張主義に突入したんだな……って」

「その主張が、受け入れられ、尊敬される欲求まで高まっているということだ」

「その承認欲求は、ヨコ社会と関係するんですか？」

「ここからが肝心さ。いいかい？　ヨコでつながらざるを得ないマイノリティはその人数や社会での比率を増やしながら、互いに必要なものを賄って暮らすこともできるようになる。いわゆる**シェア経済**だ」

ネットワーク社会でお金は不要になるのか

「シェア経済……」

「資源をヨコで融通し合うシェア経済は、大量生産が有利に働くコモディティの流通には適さない。でもインターネットを中心としたネットワークが少しだけそれを解決してくれる」

「さっき出た、〝必要なものをコミュニティを利用しお互いに譲り合う方法〟ですね」

「そうだ。インターネットなら、何かを必要としているAさんと、それを持っているBさんが互いに瞬時につながることができる。そして、SNSを使えばAさんとBさんの親密度もわかる。GPSで距離もわかる。だからお金というコモディティを介さなくても、資源を流通しやすくはなっているんだ。まだ完全とはいえないけどね。そして何より、このシェア経済は、21世紀に人が求めるもの、つまり承認欲求を満たすのに適している。21世紀の経済活動のほとんどは、この社会的価値を満たす企業によって構成されるだろうね」

「なるほど」

「つまり、今の社会では、実は**〝お金〟と〝ネットワーク〟は同じレベルで競合しているっ**てわけさ。お金は中間媒体（メディア）であり、ネットワークは、本人同士を直接つなげる。あとは、AさんとBさんの信頼関係（クレジット）でやりとりが決まる。大事なことはお金を持っていることではない。AさんとBさんがそれぞれ信頼関係があるか、**双方に信頼残高があるか、**ということだ」

「ネットワークがコミュニケーションの中心になるにつれて、信頼関係とかは希薄になるのかと思っていたのですが」

「ネットの世界だからこそ、信頼が大事だ」

「はい！」

「そして、このやりとりでは、Aさんは、匿名のモノやサービスだけでなく、そのモノやサービスに〝思い〟を載せて運ぶことができるということだ」

図3-3「個人」の発行する“信用”が重視される世界へ

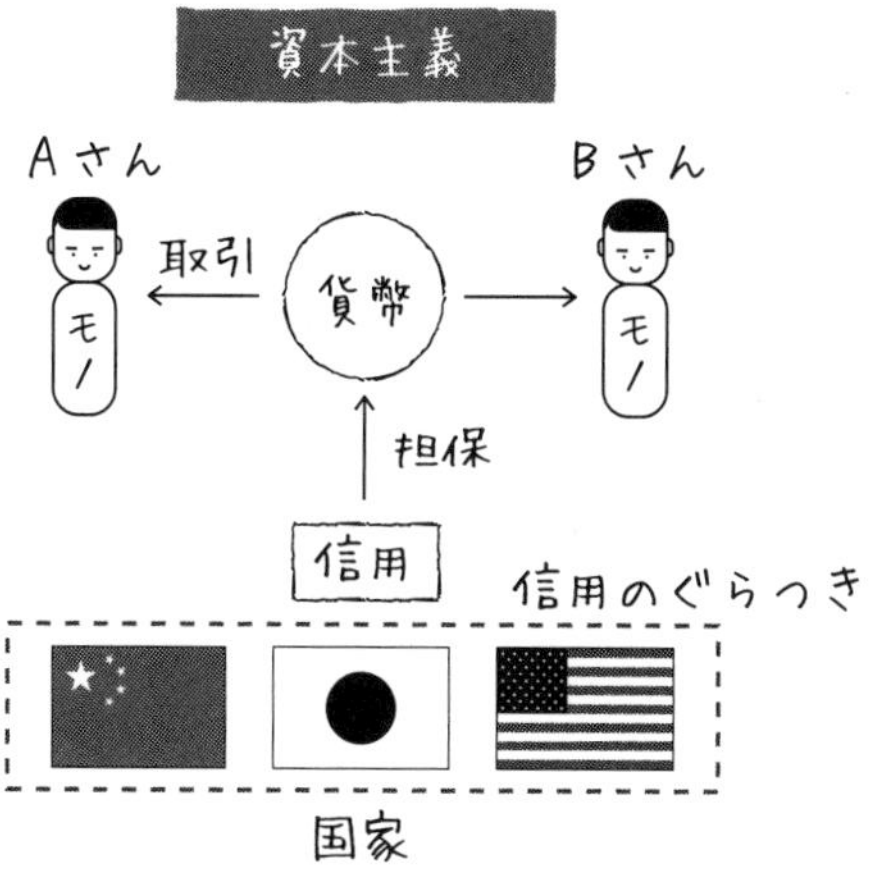

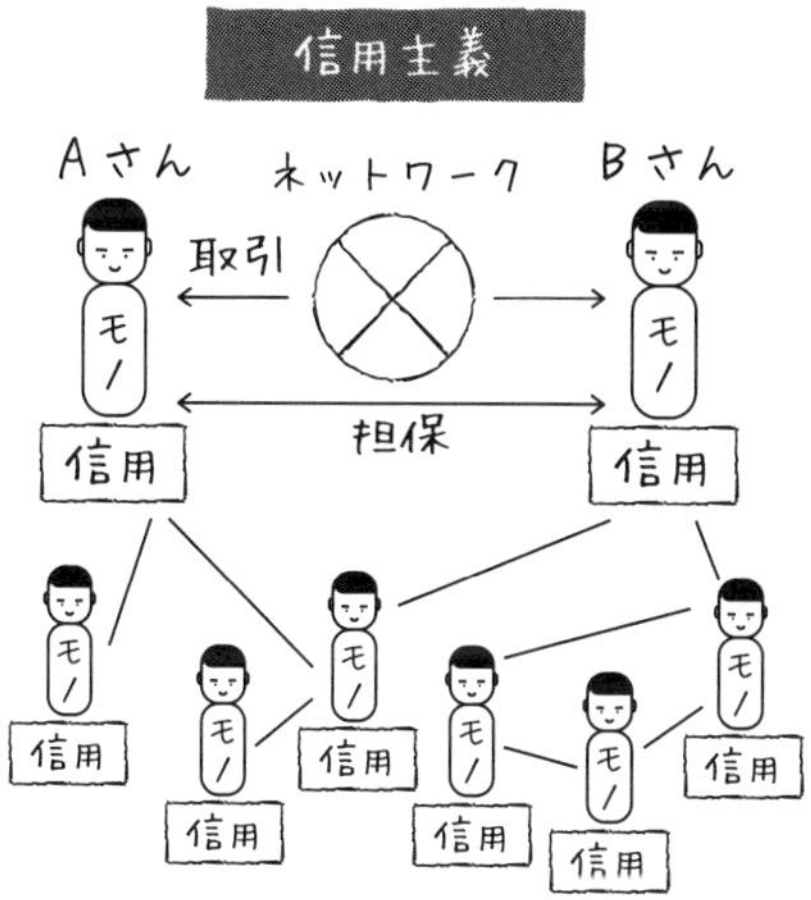

「思い」

「これが〝生命〟を生む。生命とは〝思い〟の連鎖だと先ほど話しただろう。その有機的なつながりが、我々、自然の1つである人間をより幸せにしてゆくんだ」

幸福のピークは年収700万円

「確かに、機械にはそれができませんよね」

「もし21世紀の人権が単なる肉体的生存を保障するものではなく、個々人の社会的存在を保障するものまで拡大するならば、コモディティの流通に適したタテ社会よりも、お互いの思いと個人の信頼関係をベースにしたヨコ社会のほうが適しているということさ。これが変化の本質さ」

「ちょっと難しくなってきましたけど、食べ物に困らない社会になったのなら、今後はヨコ社会で承認を得て、つながりながら生きるほうがいいってことですかね」

紳士は間をおいて言った。


「豊かさとは何かな?」

「余裕……とかですか？」

「そうだね。では、幸福とは何か？」

「何だろう……」

「幸福とは一体性だ。お金の量じゃない。**お金で地位は買えるが尊敬は買えない。お金の時代じゃないんだ**」

「お金の時代じゃない……」

「経済学者がすでに実証しているように、**幸福のピークは年収700万円**で、それはどこの国でも共通さ。それ以上は稼ぎよりもストレスのほうが大きくなる」

「結婚式で会った同級生に、小さな会社の社長がいたんですけど、同じようなことを言ってました。まぁ、そいつは明らかにお金を持ってることをひけらかしていた。あまり気分のいい人間ではありませんでしたが……」

「お金は便利な言葉だけど、あくまでも匿名の数字にすぎない。お金は、言葉にできない価値を数字に換えてしまうものだからね。数字は思いを載せられない。確かにお金があれば、様々なものを手に入れたり、海外にも行ける。こんなふうに、数字は3次元（時空間）を自由に動き回る力を持っているけれど、その次元を超えることはできないんだ」

「あなたは、僕が見る限り、お金持ちのように思います」

「否定はしない」

「でも、あなたは嫌な気がしない」

「お金ができることに、たいして期待していないからだろうね」

「お金にできること？」

「せいぜい移動にタクシーを使うか、飛行機のビジネスクラスに乗るくらいだよ、あとは少し大きな家に住んで、心地よい家具に囲まれているか……。でもたくさんはない。本当に素敵なものだけだ。家も大きすぎない。それは下品なことだしね。お金ができることはそれぐらいだよ。お金は時間と空間を買うための道具としてのみ使っているよ。あとは、社会的価値のある事業への投資に使う」

「その思想が、きっとあなたの雰囲気を作り出しているんですね」

「大事なのは心、特に意識の焦点の問題のほうが大きい。焦点を変えなければ、そもそも問題を解決することはできないからね。そして矛盾に聞こえるかもしれないが、もしお金が欲しいなら、お金を配らないとね」

「お金を配る!?」

「**人生は与えたものを受けとるようにできている。**財務諸表のバランスシート（貸借対照表）のようなものだ。貸借が合う」

「それは経験談ですか？」

「そうだね」

「わかるような気がしますが……今の自分にはできないなぁ……」

「それでいい、問題ない」

「いいですか!?」

「あぁ、かまわない。いいかい？　これから来るヨコ社会は、相互扶助の仕組みであり、それぞれの社会的欲求（承認欲求・つながり欲求）を満たすことに適している」


「私は以前、ある選挙を手伝ったことがある」

「選挙ですか？」

「友人が立候補してね。私はブレーンをした。本来選挙において公約というのは、白分達で社会に今何が必要かを考えて作るものだ」

「選挙のたびに同じようなマニフェストが並んで、うんざりしますよね」

「しかし、我々は違った。インターネット上で市井の声を4万8000件以上拾い上げ、それを形にしていった」

図3-4 タテ（資本主義）社会とヨコ（ネットワーク）社会のまとめ

●タテとヨコでは何もかもが違う

資本主義社会 タテ社会　差の経済		ネットワーク社会 ヨコ社会　和の経済
カネ（数字）	言語	ココロ（個人）
信用（契約・価値提供）	リテラシー	信頼（無条件）
言語化される	価値	見えない・うつろう
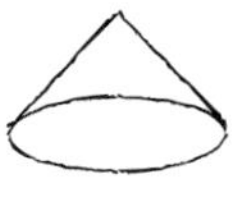	階層	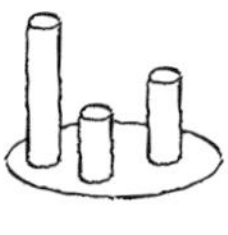
「上」にいくほど強い オペレーション	目的	「ハブ」が圧倒的に強い イノベーション
計量化される比較可能な単位を積み上げてゆく（学歴・資産・家柄・歴史等）	対応	つながりと信頼をひたすら作り上げてゆく（多様性の肯定・功徳等）

「民意を吸い上げたんですね」

「そうだ」

「その選挙はどうなったんですか？」

「いい線まではいったが、残念ながら当選はしなかった。しかし、こういう形で政策を作ることができて、それが支持されるということがわかった。誰もが主体的に、社会に参画する方法はできるはずだと思ったよ」

「素敵だなぁ」

「ぜひ君には、その社会で生きて欲しいな」

「はい！ それにはどんなことに気をつければよいのでしょうか？」

ヨコ社会では、「信頼残高」を増やすこと

「まずは、自分の信頼残高を増やすことだ」

「信頼残高……」

「信頼を得られればつながりも増える。私は、資産は必ずしもキャッシュ（お金）だけではないと思っている。**スキルがあればお金に変えられるし（マネタイズ）、信用**

があればお金を調達すること（キャピタライズ）ができる。ヨコ社会では、『つながり』が資産だ。それを増やすには、信頼残高が多いほうがいい。実際に価値交換における貨幣のシェアというのは、2015年を境に減ってきているんだよ」

「なるほど。ほかには？」

「ヨコ社会では自分がよりオープンでいることが大事だ。そこで考えられるのは、**〝さらす〟勇気**かな」

「さらす勇気ですか……」

「自分の黒歴史もコンプレックスも、自分のカレンダー（予定）も何もかも」

「引かれないかな……」

「引く人もいるだろう。でも、そういう人は、自ずと自分の前から去って行く人にすぎない。本当の君を理解し、受け入れてくれる人間だけが残る。そういう人とのつながりは、君にとって非常に大きな財産となるだろう」

「そういえば、僕はあなたに結構さらしていますね。というか、言い当ててくださいましたが（笑）」

「そうだね。でも私はこれっぽっちも引いていないだろう」

「ありがとうございます！」

「まだあるぞ。他者を評価したり、ブロックしないこと。プロセスをオープンにすること。それから摩擦が多くなるから、できるだけ人と交渉しないことだ」

「交渉しない……」

「そして、価値連鎖を信じること。与えたものは、別の角度から還ってくる、という認識を持つこと。Give&Givenだね」

「Takeじゃないんですね」

「そうだ。新しい経済では、与えた人から受け取るケースがどんどん減ってくる。与えたという行為がトラッキングされ、それが第三者に見えるようになる。それもウェブを中心にね。すると、**与えた相手とは別の方向から、今度は自分に与えられる**ようになるんだ。まるで、三角貿易のようにね」

「ほかにもありますか？」

「あとで詳しく話すが、他人との距離感をマネジメントすること。これは特に男女のパートナーシップで大切なことだ」

「あとは、どんな場合でも、相手に対して自分の責任範囲をコミットメント（宣誓）すること。そして、すべての人をレスペクト（尊敬）する。上下関係や所得で評価しないことだ。これはタテ社会には見られないよね」

「そうですね！」

「コミュニティのポートフォリオ」を持つ

「こうしたヨコ社会は、ボランティア・地域・スタートアップベンチャーなどに多く見られる。だから、**会社以外のボランティアなどの活動に参加するといいね。**会社以外の活動で得た体験が別のところで生きることもあるし、今後は自分がどんなコミュニティに入っているのか（コミュニティのポートフォリオ）、を意識していったほうがよいと思う」

「それは小さなものでもいいのですか？」

「もちろんだ。今はどんな小さなコミュニティに入っていたとしても、グローバルにつながることができる。この両方を意識しておく必要があるんだよ」

「逆に聞きたいのですが、ヨコ社会の弱点はありますか？」

「そうだなぁ……。同情を引き寄せるような弱さが、逆に権力を持つことがある」

「弱さですか……」

「共産主義の失敗でもあるが、本当の弱者は守るべきだが、不幸を盾に相手を支配しようとする人がいるから気をつけるべきだ。また、**ヨコ社会では『ハブ』になる人が圧倒的な強さを持ってしまう**ことも弱点といえる」

「IT業界が一人勝ちをするようなものですか？」

「つながりが多いものほど強さを持つのかもしれない。でも、**ヨコ社会の周辺で起こる摩擦こそが、イノベーションを起こすことも覚えておいて欲しい。**タテ社会はオペレーション（管理）で動いていた。ヨコ社会では、様々な人が自由につながる。そこでこそ、イノベーションは起こりやすいはずだ！」

「それはわかる気がします！ 人の脳の神経細胞も、様々な神経細胞と横のつながりがあるから、こんな複雑な回路ができていると聞きました。イノベーションは周辺で起こるのですね」

問題はそれが起きたのと、同じレベルで解決することはない

「あなたと話をしていると驚かされるばかりです」

「そうかい?」

「今までなにげに見ていたニュースや出来事を、多角的に捉えて、深く考察していて……」

「私は、ただたくさんのものを見て、体験してきただけだ。その中で、**人生で最も大事なことは、〝意識の焦点〟だと信じている。私は、いつも異なった次元からモノを見ることを心がけている**」

「意識の焦点……」

「意識の焦点を、3次元、つまり時間や空間、お金(数字)に置くのなら、君はお金という次元を超えることができない。つまり、パラダイムを変えることはきっとできない。結果、問題は解決しない。アインシュタインの名文句にこんな言葉がある『**問題はそれが起きたのと、同じレベルで解決することはない**』。問題解決は、一次元上での調和によってしか解決できないんだ。だから君は、いずれ3次元(時空間・金)から、意識の焦点をずらさなければならなくなるだろう。それだけは覚えておく必要がある」

「わかったような……わからないような……」

「ははは。いずれわかるようになる」

「じゃあ、もう1つ質問を」

「どうぞ」

「あなたの言葉には時折、宗教的とも聞こえる話が出てきますよね。目には見えないものをなぜそんなに確信をもって話されるのでしょうか？」

「君は、宗教（哲学）の話に抵抗があるかな？」

「宗教の自由は尊重します。差別もありません。ただ、自分の中ではリアルではないですね」

「まず私は、熱心な宗教家ではない。自分の体験・直観と、アカデミズムの成果である知識と、宗教が担ってきた知恵の蓄積から話をしている」

「はい」

「君達は、自分が存在していると思っているが本当は存在していない、ただ漂っているだけだ、と言われたら、どう思うかね？」

「僕はちゃんとここにいます！と思いますが……」

「だね。君達は3次元に住んでいることを疑っていない。つまり時間と空間をいつも意識している。そしてお金はこの時空間を自由に飛び回るための道具だと定義している。そしてそれは本当に実在し、誰にとっても変わらないと思っている」

「はい。疑いません」

「でも時間も空間も脳による錯覚にすぎないのではないかな？」

「錯覚ですか……」

「ヤカンの上に手を当てたら？」

「熱いです」

「熱い！と感じるだろう。そして、その時間は途轍《とてつ》もなく長く感じる。しかし、好きな子とデートしている時には、時間は恐ろしく短く感じる」

「ありますね」

「つまり時間は、**意識の焦点の当て方によって相対的なもの**にすぎない。それは現実ではない」

「なるほど」

「特に女性は年齢を意識し、男性は、空間を意識しがちだ」

「女性が年齢というのは、やはり美しさとかに関係してくるのですかね」

「それ一択ではないがね。女性にとって年齢はとても重要だ。エイジングストラテジー、つまりどのように歳をとるかは女性にとって最も重要な話題になったりする。

でも本当に若く美しい女性は、年齢（時間）に意識の焦点を合わせていなかったりするものなんだよ」

「確かに、バケモノみたいな人いますね……」

「そういう意味でなく、年齢と関係なく美しい女性は多い。聞こえは悪いが、時間を超越している存在というのは、えてして女性のほうが多いと私は思うね」

「男性の空間認識能力は、地図を読めたりするという、あれですか？」

「そうだね。車の運転も得意だ。また、追いかける夢も違う。私のように、電気自動車の開発や宇宙開発ビジネスに精を出すなんて、多くの女性にとってはバカバカしく感じられるだろうね」

「素敵な夢じゃないですか」

「だろう？　男性にとっては空間の果てを目指すことが、唯一、この3次元を克服する方法だと思っているからじゃないかな。多くの宇宙ドラマは、ヒーローが宇宙の果てを目指し、ヒロインは、地球にとどまりながらも愛を知っている、そんなプロットになっているのもそのせいだと思う」

3次元の克服……という言葉を聞き、僕の頭に〝タイムマシン〟が浮かんだ。時間を行き来するSF映画。その映画に魅入り、いつか自分もあの〝タイムマシン〟を発明したい！という夢を持った少年時代を思い出した。

「何かね？」

紳士は、僕に尋ねた。

「あ、いえ。少し子どもの頃持っていた〝夢〟を思い出して」

「ほぉ、どんな夢だね」

「いえ、子どもの頃ですから、言ったら笑われますよ」

「まあ、無理には聞かないよ。ただ、純粋な子どもの頃の夢を甘く見てはいけないよ」

紳士はなぜか、嬉しそうに見えた。

本質的なことへ意識を向けることが、コンピューターと戦わない方法である

「そういえば、SFではよく、人類とコンピューターが戦う物語が描かれるね」

「定番ですね！」

「今はまたＡＩ（人口知能）のブームが来ているだろう。ビッグデータやらＩＯＴやらドローンやら、ロボット。つまり機械の隆盛だ」

「それはひしひしと感じます」

「**いわゆるシンギュラリティ問題**という」

「何ですか。それ……」

「機械が人間を上回るという世界観だ。そこで人間はどうするのか？ということが問題になっている」

「まさか、人類ＶＳ機械が起こり得ると⁉」

「ないこともない……。でもそれを回避する答えは簡単さ」

「え？　それは、どんな手ですか？」

「機械と戦うのをやめるのさ」

「はぁ……」

それは当たり前なのではないかと思ったのだが……。

「コンピューターと人間とでチェスを競うなんてことをやっているね」

「将棋もやっていますね」

「私は否定的だ。そんな平面的（2次元的）なことは、コンピューターが最適化するに決まっている。3次元、たとえばエネルギーや交通、医療の問題だってコンピューターが勝手に最適化してくれる」

「じゃあ人類が、コンピューターに勝てるものはないと？」

「いや。コンピューターは次元を超えることができない」

「また、次元ですか……」

「コンピューターの本質は数字の処理だ。コンピューターが次元を超えてくることはできないだろう」

「でも人類も今はまだ次元を超えられないですよ……」

「そうかな？　先ほどの例でいえば、コンピューターに生物は作れても、生命は作れない。一方で、**我々人間は、意識の焦点を、より本質に当てることで次元を変えることができる。**それこそが問題解決の要だよ。その究極の時点が愛であり、無である」

「愛？」

「愛とは何か？　それは遍在であり全体であり一体だということさ。文系では愛だけど、理系用語でいえば、最終次元ということになる」

「愛は次元を超えるんですか……」

「詩的だろう。我々は機械と戦わない。**ただ意識の焦点をずらすことによって、コンピューターの到達できない次元にスライドするだけだ。**あとのことは全部、機械に任せればいい」

「なるほど」

「最後に、君は悟るだろう。他人とは自分の一部を映し出したフィードバックをくれる鏡の存在だということをね」

「鏡……」

「そして、時間も空間も存在しないということ。他人など存在しないこと。そして最後に自分さえも存在しないことを」

紳士がポツリと言った言葉は僕には理解ができなかった。でも、大事なことのような気がして、記憶しておこうと思った。

彼は立ち上がった。

「さて、コーヒーも飲んでしまったし。今日はここまでにしよう」

「ありがとうございます！」

心のメモ3

テーマ：

今後「価値感」はどう変わるか？

〈結婚制度〉

・結婚制度よりも、自律的なパートナーシップのほうが大事

・結婚は単なる制度であって、本質ではない

・大事なのは子どもに注がれる愛情である

〈社会〉

・more is more から less is more の世界へ

〈タテ社会からヨコ社会へ〉

・生存欲求から承認欲求に変化した今、社会制度も変わろうとしている

㊟そこで生きていくためには

・信頼残高を作ること

・自分を“さらす”＝オープンにすること

・摩擦を避けること

・価値連鎖を信じること

〈2040年問題〉

・意識を「本質」に向けること。それが、ロボットに負けない方法

第4章

コミュニケーション

優秀さは謙虚さと能力の掛け算である

その日も、僕は紳士と例のラウンジに座っていた。

紳士と出会って1週間が過ぎた。あれ以来視界が変わったかのように、世の中を見る目が変わった。自分の中の何かのスイッチが入ったような感覚だった。

しかし、その高揚感はそう長くは続かなかった。僕の心は沈んでいた。会社でちょっとしたトラブルがあったからだ。というか、僕が上司にも取引先にもうまく付き合えていないのだろうと思う。

僕は、紳士と会うことにした。場所は、彼と初めて会ったホテルのラウンジ。

「どうしたんだい。何か心配がありそうな顔をしているよ」

さっそく、紳士が声をかけてきた。僕が話そうとすると、それを手で制した。

「待って、考えてみよう。君は体調が悪いわけではない。顔色もいいし、きちんと身なりも整えている。体調が悪いと、どこかが雑になるものだからね。そして、彼女と別れたというわけではない。もっと前に別れたということを私は知っている。そして……」

僕はうんざりしてきた。

「もういいでしょう。実は……」

「まあ、仕事でコミュニケーションがうまくいかない、そんなとこだろう」

なんだ最初からわかってたんじゃないか。でも、どうして気づいたのだろう。僕が疑問を口に出そうとする前に、紳士は答えた。

「**人間関係は、人生の一番大きな課題**だからね。大方そんなことだろうと思ったよ」

僕はため息をつく。上司も取引先も、まったくうまく回っていかない。結局、自分がうまく人間関係を作れないからダメなんじゃないか。そう思うとやりきれなかった。

「僕はこれから人生の一番大きな課題にどう向かっていけばいいでしょう。毎日課題だらけですからね」

愛と条件で相手のコミュニケーションスタイルを見抜く

「まず、〝**すべての悩みは人間関係である**〟と認識するところから始めるべきだ。それはもう悟るしかない。君のあらゆる問題は人間関係だと。そして、相手のスタイルに合わせることだね。**それぞれの人の心は、単純にいえば、愛と条件という軸をとっ**

た時にどこかの間にいる。そのポジションを全身を使って知覚することだ」

「愛と条件？」

「そうだ。条件と言っているのは、金・脳・現実・客観、そういった概念だ。愛は無条件、身体感覚・真実・主観などのことだ。君は誰にでも同じように接しているのに、相手の反応が大きく違うということはないかい？」

「はい、あります！」

「悩みの大きな原因はそこだ。たとえば、いくら儲かるか、どのくらい手間がかかるのかという『条件』にだけ目を向けている人なら、そこに絞って交渉すればいいし、いい仕事にしたいとか、相手の役に立ちたいという『愛』を持って仕事をしている人なら、できるだけよい仕事ができるような環境やコミュニケーションを心がけていったほうがいいだろう？」

「やりがいメインの人か、お金メインか、ってことですかね」

「そういうことは、話しているとわかるからね。相手が自分の話のどこに関心を持つのかを注意深く観察するんだ。話をしていて、どうも条件面を気にしているなとか、その仕事の意義とか目的の話が多いな、とか、そういうところでわかってくると思うよ。まあ、なかなか条件については言い出さない人も多いから、その点は気をつけた

図4-1 愛と条件の範囲でココロはさまよう

● 人それぞれが個別の考え方、価値感を持っており、
それは愛と条件の範囲でさまよっている

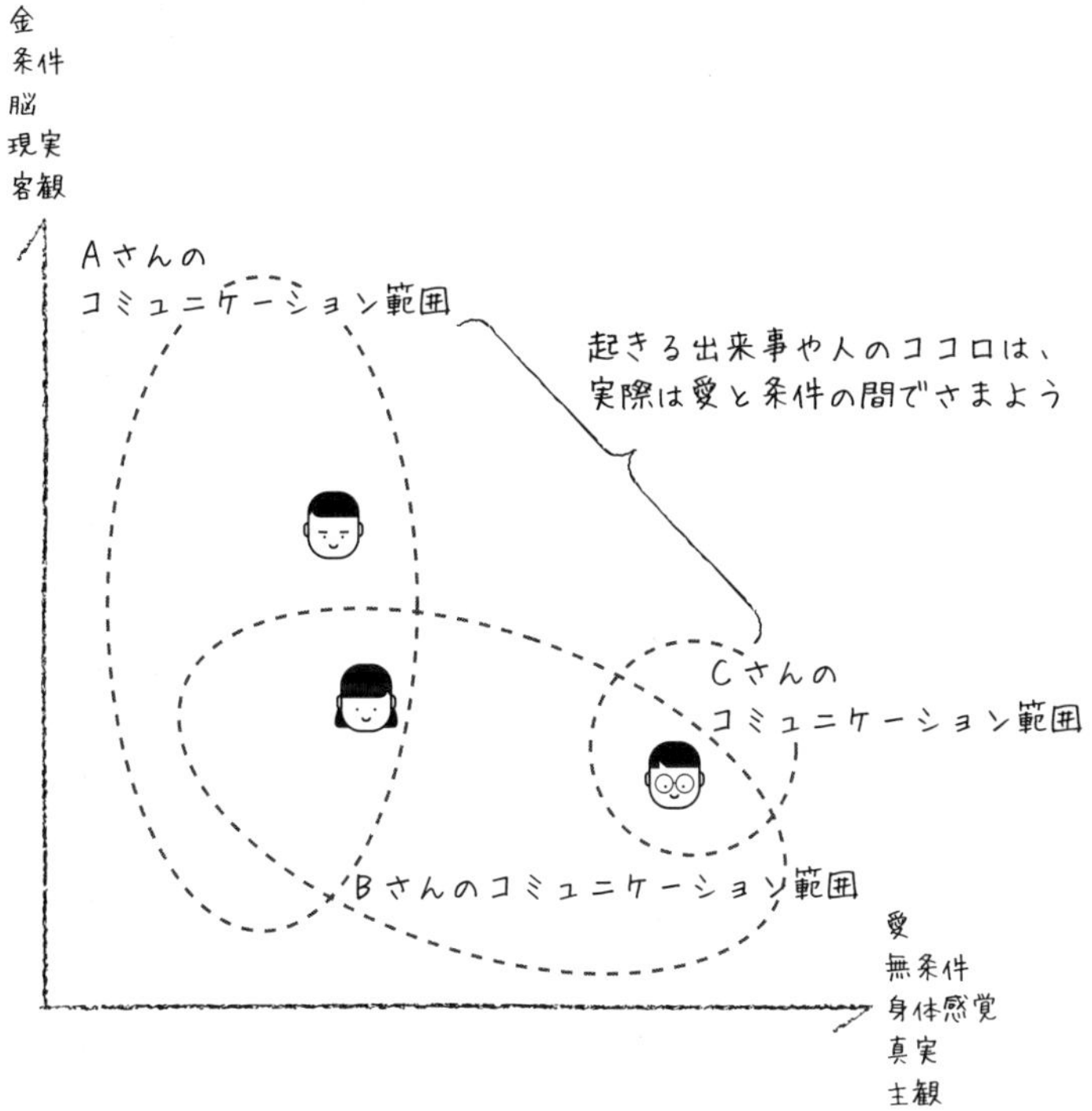

ほうがいいがね」

「そして、私が察するに、**君は何かトラブルがあると『相手の担当者が悪い』と憤ったり、『自分が悪かった』と落ち込んだり、していないかい？**」

「どうしてわかったんですか！　何かそんな推理をされるようなもの、身につけていたかな……」

「いや、誰にでもあることだからね」

焦る僕を見て、紳士は言った。

「大切なのは、**善悪も正義もない**という前提で生きることだね。相手が悪い、自分が悪い、ということはない。それは**単純に互いのすりあわせができなかっただけの話**だ。そう考えれば気が楽だ。そこからお互いに調整していけばよい。大事なことは自分や相手を否定したり、罪悪感を持ったりしないことだ」

「だったら、気が楽です。課長とうまくいっていないのも、A社の担当者と馬が合わないのも、すりあわせがうまくいっていないということですね。課長はお金のことばかり言うし、A社の田中さんは理想主義で細かなことばかり言うんですよ」

「まあ、会社では仕事として『数字』のことは言うだろうね。だったら、課長にはお金や成果についての話を中心にすればいいし、田中さんには、できるだけその理想に合わせてあげるのがいいだろう。相手が何を大事にしているのか。それが大切だよ」

相手と自分の距離感を測る

「さて、コミュニケーションの第一歩は、まず**相手と自分の距離感を測ること**。相手の価値観・意識が〝愛〟と〝条件〟のどこにあるかを感じる・察する。察してわからなければ話して聞く、ということだ。これをしっかりやる」

「ほかに、僕はどんなことに気をつければいいでしょう？」

「**相手との距離感を知るためには、当然、自分の位置もわかっていなければならないから、自分を客観的に眺める**ことになる。そういう目に見えない部分を丁寧にやることが大切さ。会話や身振り手振りはその次の話にすぎない」

「自分の位置？　立場みたいなことですかね？」

「それもあるし、自分が何を大切にしているかってことも考えたほうがいいね」

「僕は営業だから、売上・成績も大事、だけど、お客さんと話しているのは楽しいので、相手に喜んでもらいたいっていう思いはありますよね」

「若干、『愛』（無条件）のほうが大きいのかな。だったら、課長とは意識して、『条件』に気をつけて話をすればいいんじゃないかな」

「そういえば、別れた彼女も、僕は愛だったのに、向こうは若干条件だったのかなあ。今は、僕より年収がいい人と付き合ってますよ」

「まあ、その点は仕事よりもわかりづらいがね。私も結構失敗はある……」

紳士は初めて口調が重くなった。僕は話題を変えた。

目に見えない「距離感」を言語化する

「コミュニケーションって目に見えないじゃないですか？　だから自分には難しいと思ってしまうんです」

「ははは。世の中、大抵の大事なことは目に見えないものだよ。目に見えないけど、〝在《あ》る〟ことは確かだ。だからそれに意識を合わせて調整し、できれば言語化（書き留める）しておく必要がある」

「言語化ってどういうことですか？」

「相手がどんな価値観であるか、相手は自分にどうしたいのか、を言葉にしてみてごらん。たとえば、今、『課長の価値観』『自分の価値観』『田中さんの価値観』を言葉にしたよね。付き合い方が明確になってきて、距離がとりやすくなった気がしないか？　逆にそれがわからないと、どの距離で付き合っていいかわからなくなるから、ぎくしゃくしてしまう」

「コミュニケーションを見えるようにする、ということですね」

「**コミュニケーションの本質は『距離』のマネジメント**さ。格闘技に似ているかもしれない。**相手との間合いを冷静に感じる**ことが大事だという意味においてはね。人との関係は時には遠くなる。人によっては、相手と自分を上下で見る場合もある。そういうものを含めて、感じとるスキルはほんの少しずつでも学んでいくべきだ」

「よく話し方の本なんかもありますけど、それよりも『間合い』のほうが大事ということでしょうか？」

「ネットや本で紹介されているような言い方やコミュニケーションの仕方なんかを学んでも、距離のマネジメントができていなければ、肝心な心の距離は埋まらない。他人と自分が1つに感じられた時は、それはもう最高の気分になる。バディというやつだね。男女の関係だったら愛になるね。素晴らしいだろう」

「距離を感じとることも、距離をつめることも自分には難しい気がします」

「最初はそうさ。私だって、18歳で東京に出てくるまでは、今でいうところのコミュ障だった。いつも自意識にばかり焦点がいって、相手と関係を築くことができなかったから、孤独だったよ」

「僕もそうだな……」

「でも最初はいいんだ、それで。**コミュニケーションの本質は、距離のマネジメント。自分ではなく、相手に注意を向けるんだよ。**この基本さえ忘れなければ、あとは、いくつかのテクニックさえ学んでいけば、少しずつ上達することになる」

「なんでも、基本、なんですね」

「**すべては、本質を知ること、そして、少しずつ上達すること。**スノーボールの原理だね。たとえば投資だって同じ。投資の本質は、価値と価格の差を見抜くこと。そして、それを埋めること。それさえ押さえておけばあとは、価格（株価、地価）などはわかっているのだから、価値がわかるように少しずつ学んでいけばいいだけなのさ。わかったかい？」

図4-2 パートナーシップ・マネジメント

人は、くっついては、離れるを繰り返す時代

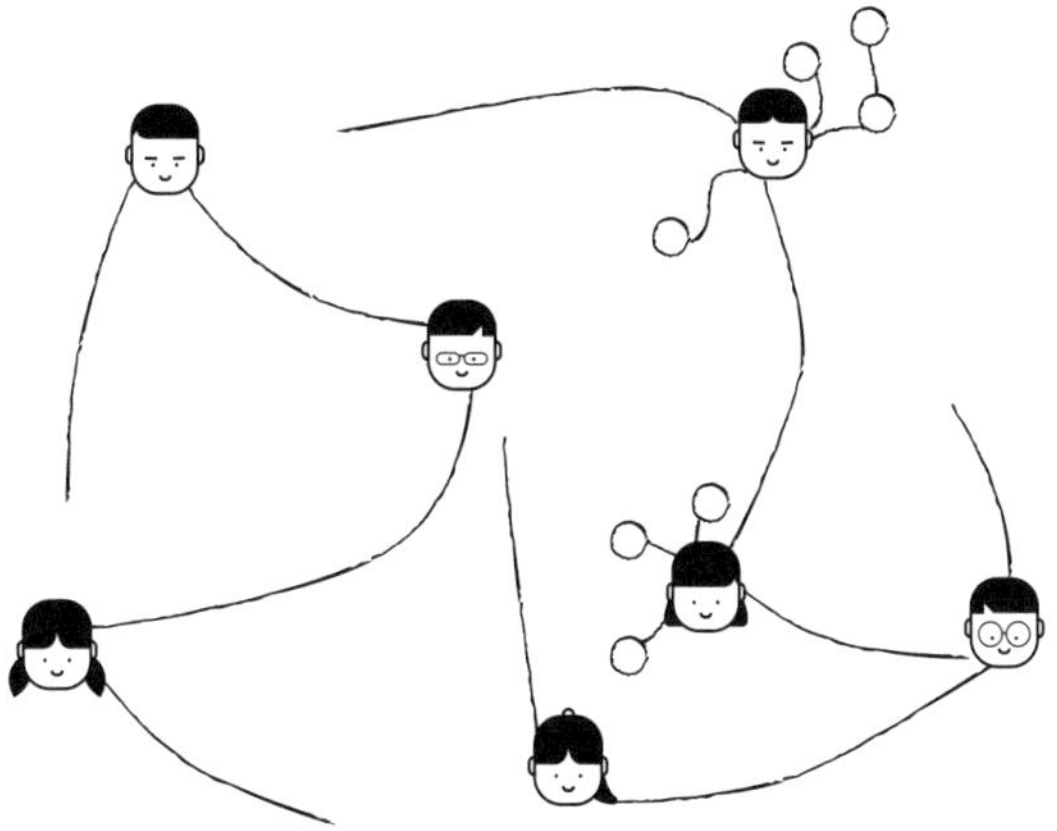

大事なことは……

- 距離感のマネジメント
- 契約等によって、期待値を言語化する努力
- 役割の明確化
- 想定を合わせておくこと
- クレジットを積んでおくこと（いざというときの信頼残高）
- 相手の言語（愛と条件の範囲）を把握しておく→価値感の一致

「なんだか、あなたと話をしていると勇気が出てきます。そして、自分でもできそうな気持ちになってくるのが不思議です」

「私は楽天家なんだよ（笑）」

話しづらい相手とスムーズに話す「三角貿易」

「ただ、実際に話すとなるとですね。もうちょっと、何かこう、すぐ『こうやればできる』みたいのはないですかね。相手との距離をマネジメントするための具体的な技術というか」

抽象的な話が多く、本当に自分にできるのか心配になった僕は聞いた。

「たとえば**三角貿易**だね」

「イギリスとインドと中国で昔やっていた、貿易のことですか？」

「君ともう1人の**コミュニケーションがどうもうまくいかない時には、客観的な第三者を立てて調整してもらう**ことさ。公式には弁護士がいるけど、そんな難しい話じゃない。君の友人や兄弟、恩師や上司などいくらでもいる。そんな第三者に間に入ってもらうことだ」

「昔、僕が取引先とトラブルを起こした時に、先方の担当者と付き合いの深い課長と一緒にお詫びに行ったのですが、きっと、あんな感じですね」

「そうだ。そしてその立場を自分でも買って出るといい。誰かと誰かの調整をやってみることだ。そうすればその価値がぐっとわかるし、君が調整を頼む時にも頼み方がわかるようになるよ」

「なるほど。僕はいつも、自分でなんとかしなきゃと思って、相手とのガチンコでぶつかってきた気がします。クッションとなる人がいるといいのですね。わかります」

「あとは、そうだな、仕事の面では、ちゃんと事前に**相手との関係を言語化**しておくことかな。誤解のないように。公式には契約書を作るんだ。ビジネスを友達とやってはならないとよく言うけどそれは本当さ。なぜなら友達と自分との関係・距離感は、ビジネスで一緒にやる時の関係・距離感とはまったく違うからね。親しい人は安心できるかもしれないが、それはその関係と距離感を前提としたものだからだ。新しい関係と距離感の上ではその安心は成り立たない。でもそういった親しい人と仕事をするのなら、きちんと新しい関係について、**考えや役割、想定を言語化しておく**ことが大切さ。あとでもめないようにね」

「むむ。確かに友達とお金の絡むことをやるのは難しいですよね」

「そうなんだ。あのビル・ゲイツだって言っている。〝**最もびっくりしたのは、会社を立ち上げた時に、友人から給料を請求されたこと**〟だって（笑）。たいがいみんな同じ失敗をしているものさ。君も同じ。だからどんどんぶつかって、フィードバックを受けて、やり方を変えていけばいいよ」

信頼はクレジットになる

「あとは、**「助けて！」と言える相手を持つ**ことかな。損得抜きで付き合える人達を周りに作ること。**時間と余裕がある時は功徳を積みなさい。信頼残高が増えるから。**特に、友達が最も困っている時こそ、全力で助けなさい。そういった自分のクレジットを溜めておけば、いつかそれを使うことができるようになる。相手を相対的に見て、貸し借りを作ると言っているんじゃないよ。相手を助けようとして溜まったクレジットは、他の人の意識の中に、君へのイメージとして溜まっていくものなんだ。だからどんどんやりなさい」

図4-3 人生のバランスシート（信頼残高）

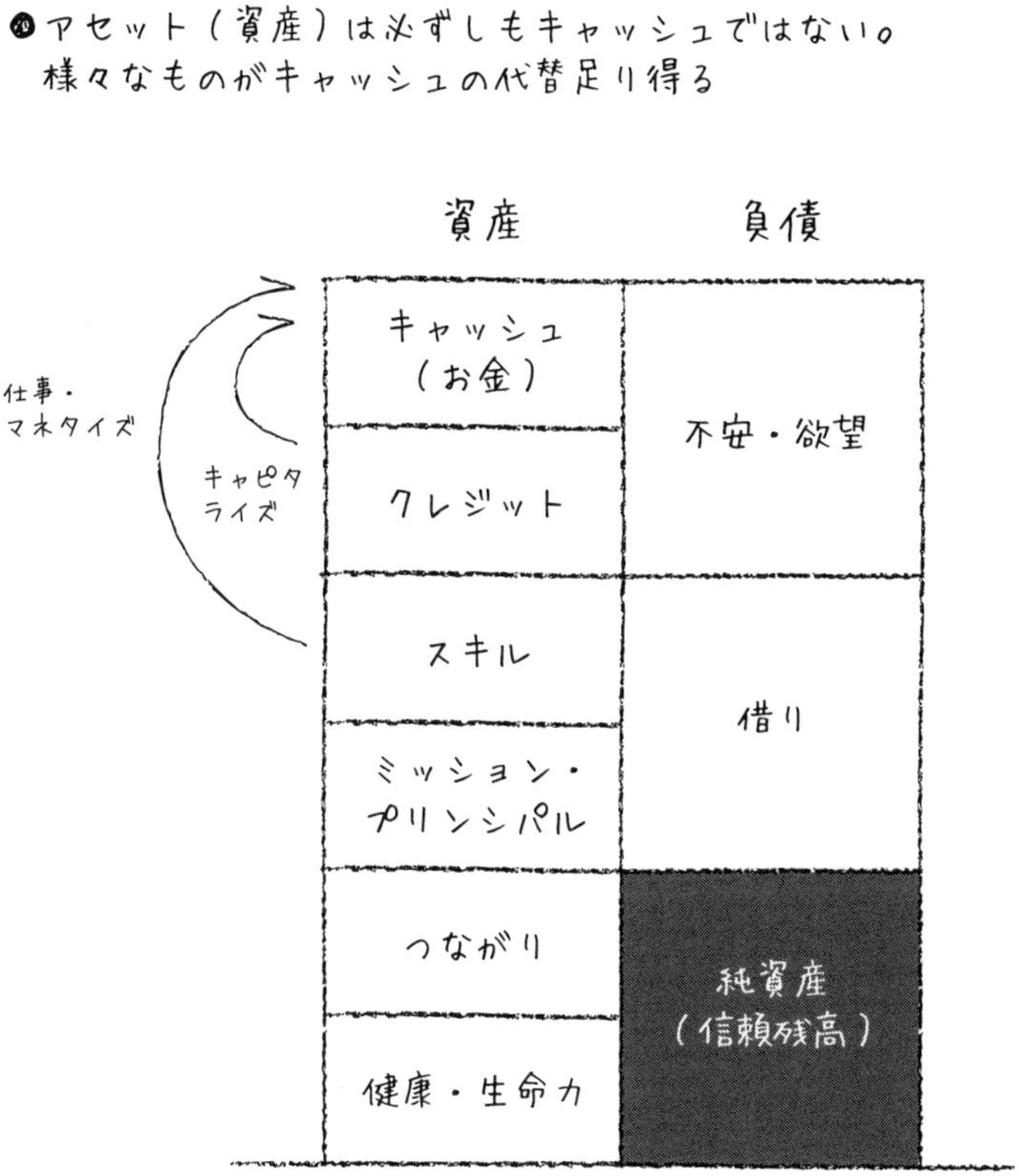

「そんな余裕が僕にあるでしょうか？」

「ある。**そういう行為をすることで、君は自分に余裕があると認めることになる**んだ。逆説的だけどね。考えが行動を決めることもあるが、**行動が考えや意識を決めることのほうが実際、多い**。お金持ちが大金を寄付することで、自分にはさらにそれ以上のお金や価値を生み出す力がある、と意識の上に刻みつけるのと同じことだ。まぁ、これだってムリにやることはないよ。つまり……」

「何事も、ステップ・バイ・ステップですね！」

優秀さは、能力と謙虚さのことである

「君は優秀さってどういうことだと思う」

僕は、急に聞かれて戸惑った。

「優秀な人って、一流の大学を出たり、高い成果を出したり、それに、きちんと自分の考えを伝えられたりする人ですよね」

「ほとんどの人はそう言うけど、実際は**有能な人よりも、柔軟な人、謙虚な人**こそ、優秀なんだよ。独立すればそれはわかる」

図4-4 優秀さとは、能力と謙虚さの掛け算である

● 能力が高いことがすなわち優秀なわけではない。
能力と謙虚さの掛け算で、仕事上の優秀さは決まる

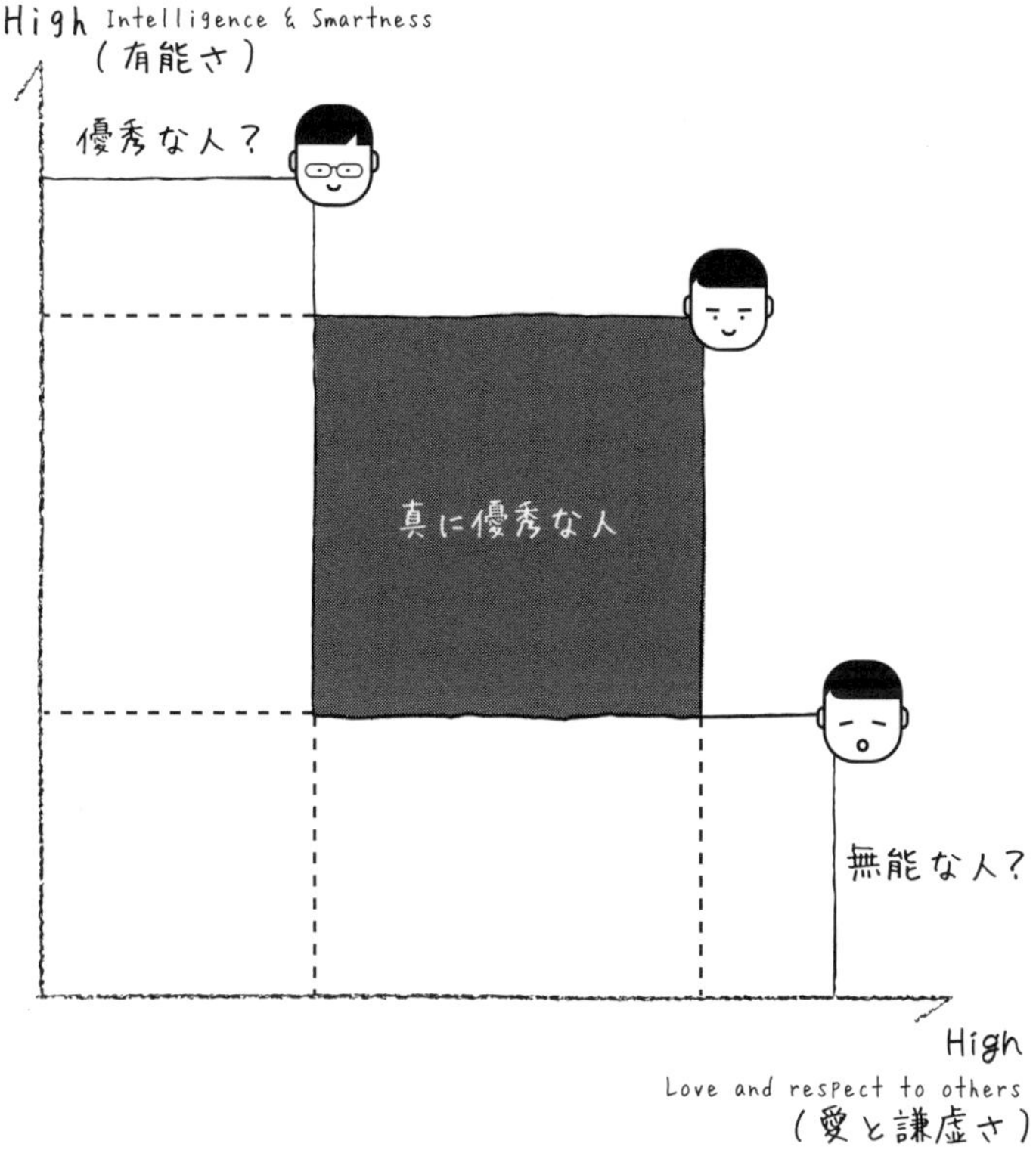

「どうしてですか？」

「こう考えたらどうだろう？　有能で決して自分の考えを曲げられない人と、謙虚で誰に対しても何か役に立とうとしている人と、どちらの人と一緒に仕事がしたいだろうか」

「それは、謙虚な人ですね。話しやすいし、摩擦なくコミュニケーションがとれたほうが、仕事も早く進むと思います」

「私の会社でも人を採ることがある。でも、一流大学のものすごく優秀な人だけど、本質的に自分のキャリアアップにばかり意識が向いている人がいるんだ。自分のプラスになることだけをやろうとする。でも、私から見たら、**結果的に組織にとっては貢献にならない**ということになる」

「そうか、僕は学歴をコンプレックスに思っていましたが、それは、優秀さの一部でしかないんですね」

「**大事なのはコントリビューション（貢献）マインド**だ。確かに信用（クレジット）は大事だよ。もし本当にすごいビジネスパーソンになりたかったら、一流大学を出て一流企業に入って3か月でやめて、自分の好きな仕事を始める。一流企業出身というのは、それだけでクレジットがある。大学からいきなり起業する人もいるけど、クレジットがないから、最初は大変だ。でも、優秀さは、クレジットだけではないからね。謙虚に人に貢献しようという人は、最終的に信用も得られる」

異文化の中で「柔軟性」を身につけよ

「こういう謙虚さとか、柔軟性ってどうしたら身につくものなんでしょうか？」

「最近、海外留学に行く人も増えているが、なぜだと思う？」

「異文化を体験したり、人によっては英語や最先端の学問を学びたいという人もいます」

「私が思うに、一番大事なのは、**柔軟さを身につける**ことだと思うよ。個性の強い人もわがままな人もいるし、ホテルに泊まれば、ドアは閉まらないし、外国のケチャップは蓋が弱いからどぼっと出るし、もう本当に日本のようにはうまくいかない。**人っていうのは、今まで自分が思っているレベルの3倍わがままだった、**ということに気づくよ」

「イライラすることも多いのですね」

「そこで大事な悟りは『**そういう人もいる**』ってことだ。そう思って、嫌な相手とも付き合えたら、だんだん自信もついてくるよ」

「嫌いな課長も『こういう人もいる』って思えたら、うまくいきますかね」

「嫌なやつがいたら、なぜ嫌なやつなのかを考えるってことだな。この嫌なやつは、こんな理由で嫌なやつになってるんだな、と思ったら、ちょっと距離を置いて付き合えるようにもなる」

僕は、ふと一番苦手な課長を思い出した。嫌味なところがあるのは、もしかしたら、その上の上司が嫌味なやつだからかもしれない。そう思うと、(頭には来るだろうけど)少し客観的に見られるように思った。

「柔軟性を身につけるには、本当は摩擦が大事だ。でも日本人というのは、同じことに価値を置く」

「確かに、似たような服で、似たような雰囲気の人が多いですね」

「**同じ人達と付き合うのは安全だけど、そこに価値はない**よ。特に**世界では、〝違うこと〟が価値になる**」

「僕、自分には合わないなって思った人は、知らずに避けているかもしれません」

「やることが逆さ。**違う人、変な人ほどおもしろいと思うこと。それが人生を最大におもしろくすることだ。**今考えると、高校の時、『ちょっと変だな』と思ったやつのほうが、結構社会で活躍しているんだ」

そういえば、教室のすみでずっとおかしなマンガを描いていた女子が、この間イラストの個展を開くとか言っていた。「違い」を突き通すと、かえって価値になるのだろうか。

「君達が**一番戦わなければいけないのは、同調欲求**だよ。決して、将来の年金や経済の悪化ではない。自分が他と一緒であろうとするのは一種の弱さだ。違いを愛することが大事だ」

紳士は、僕のほうを見て言った。

「能力がない」ということは、「勇気がない」ということに等しい

「ところで、君は自信がないと言っていたが、なぜ、自信がないのだと思う？」

「それは……なぜだろう」

「**能力がないってことは、勇気がないということだ。そして勇気がないっていうのは、つまり自信がないということ。**そして、**自信がないというのは、異質なものに対する耐性が弱い**ということだ。だからこれを徹底的に鍛える。嫌いな相手、入っていくことに躊躇するような環境、そうしたことに積極的に触れていく。**『やっぱりつらいな』と思ってもいいんだ。その時どんな感情になったかも含めたその経験の蓄積が、君の自信につながっていく。**結局、知識や情報は役に立たないんだよ」

「僕はもったいないことをしていたのかもしれないですね」

「留学しても、そのまま単位だけとって帰ってくる人も多いよね。せっかく行ったのだから、教授に事業プランを提案したり、とにかく仲良くなれるよう話しかけたり、たくさんやるべきことはあるはずなんだ」

彼の話は耳が痛かった。どんなに自分に力があっても（自分に力があるかどうかはわからないけど）、**それを発揮しようという勇気がなければ、僕はいつまでもこのままだ。**僕が大きく変わるきっかけを見つけた気がした。

マスター・メンターラインを作れ

「僕には、今までこんなことを話してくれる人はいませんでした。あなたと話せて本当によかったと思っています」

「そう言ってもらえると嬉しいね。君は、マスターとメンターを作ったほうがいいよ。マスターとして自分がモデリングしたい相手を見つける。観阿弥・世阿弥の時代からあったことだ。そうそう、スターウォーズのヨーダの話を知っているかな」

「何ですか、それ?」

「依田さんというジョージ・ルーカスの師匠の名前からとったという話があるんだ。ジョージ・ルーカスやスティーブン・スピルバーグといった著名人だって、きちんと師匠がいたんだよ」


「あなたには、マスターはいたのですか?」

「新聞で理想的な人を見つけて、『話を聞かせて欲しい』ってコンタクトをとった。もちろん突然ではなく、きちんと相手の空気感に合わせられるように準備をしてからね。企業経営者だったけど、快く私と会ってくれた。その後も、関係が続いているよ」

「そんなこと考えてもいませんでした」

「**大手ネットサービスで就職先を見つけるよりも、自ら外に出てマスターを見つけて、そこに弟子入りするのもいいかもしれないね。**結局、仕事の仕方というのは、その人の側にいてしか学べない。本当の仕事力というのは、身体知だからね。だから自分が心から尊敬するビジネスパーソンがいたら、その人にどう近づくか、1～2年かかってもいいので、虎視眈々と狙っておくといい。これは、会社に勤めていてもできるよね」


「メンターはどういう存在なのでしょう」

「**つらい時に助けてくれる人。悩みを聞いてくれる人。人間関係でつながっている人**がいいと思う。マスターとメンター、この2人がいると、うまく自分を伸ばしていける」

「見つからなかったら？」

「それは、弟子を作ることだ。弟子や後輩を作れば、いつの間にか、メンターやマスターが見つかる。世の中ってそういうものなんだ」

図4-5 永続するメンター・マスターの系譜

❹マスター・メンター・後輩・弟子の4方向を必ず持つこと

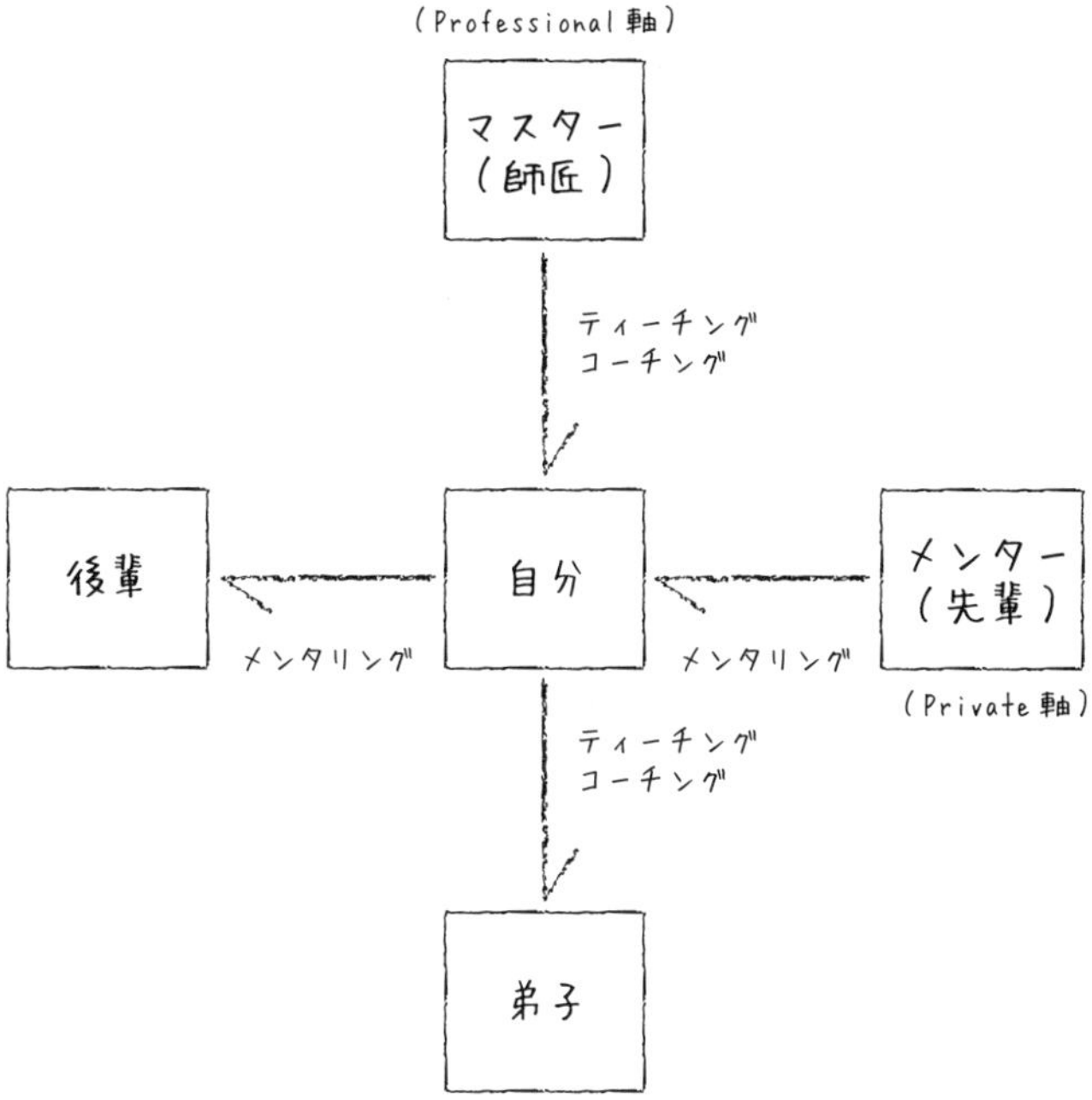

すべての悩みは、人間関係である

「いいかい？　世界には、人間関係について、５つの考え方を持っている人がいる」

紳士は話を続けた。

「一番下から、

1　この世界は最低だ（life is suck）
2　自分の人生は最低だ（my life is suck）
3　自分はいいけど、その他はだめだ（I am OK, but others are bad）
4　自分達は最高だ（we are great）
5　人生は素晴らしいものだ（life is beautiful）

と考える人だ。君はそのうちどれだい？」

「僕は、my life is suck（自分はダメだ）と考えています」

「そうか。それならそれでいい。今はそれで十分だ。**大事なことは自分を嘆くことでなく、自分を俯瞰して客観的に認識すること**だからね。少しずつ進めばいいんだ。最初に言った通り、大事なのはステップ・バイ・ステップで学ぶ技術。まずプランを立て全体像をつかみ、やってみて、それを記録して、フィードバックを受けて、またプランを立て直す。これだけだよ。コミュニケーションも同じだ。失敗は多い。いや、私は失敗という言葉を使わないがね。失敗とは、単にうまくいかなかった方法のことだ。たくさんぶつかって、たくさんうまくいかなくて、そしてそれを言語化して次に活かす。人間関係もその繰り返しにすぎないんだよ」

「最初の話に戻ってきたのですね」

「そう。すべての基本は、学ぶ技術、そのプロセスだということさ」

なんでも最初のサイクルを回せばいいってことか。学びのサイクルに従っていけば、僕もきっと、少しずつうまくいくようになるのだろう。

「くれぐれも無理は禁物だ。**今の自分を認めて、それを一歩だけ進めればいい**だけだ」

「わかりました。話の本質は、ずっと一緒なのですね。つまり、すべては才能や能力でなく、主体的に、少しずつ学ぶ技術を用いて進める、ということだと僕はわかってきました」

自分の経験ではなく、「経験してきた自分」に焦点を当てる

「さて、最後にもう1つだけ」

「何でしょう？」

「それはね、**君が目に見えているものは大抵、幻想や錯覚**だということさ。他人も幻想、自分も幻想、そんなものは単なる量子が結合してできた目に見える肉体に、意識が付着している状態にすぎないってことだよ」

「ものすごく世界が飛びましたね！　すみません、物理はほぼ平均点以下だった自分には、さっぱりわかりません。自分はここにいますし、しっかり名前もついていて、自分のことはわかっているつもりです」

「ははは。君が君だと思っているのは、これまで体験してきた感情や記憶、思考の結果が凝縮したものだ。君は、パソコンのハードディスクにアイデンティティを感じないだろう？　それと同じだ。君が君と思っているものは、ハードディスクのようなものだ」

「そこまで言われると……」

「でも実際、そうさ。本当の君は、その感情や体験をしてきた〝主体〟のほうさ。でもそこに君の意識は焦点を合わせない。君だけじゃない。ほとんどの人が、ハードディスクの中ばかり見ている。過去の記憶の蓄積からしか物事を考えない。**でもそれを作ってきた〝主体〟に意識の焦点を当ててみてごらん。人生はまったく別のものに変わるよ。**君というものの定義がまったく変わるんだ」

「過去にやったことではなくて、それまで生きてきて体験して、何かを感じた自分、ということですかね……」

「君はまだ理解しきれていないと思う。99・9%の人は、自分とは、自分が考えた思考や感情のことだと思っている。これは根本的な間違いだ。

それらの感情や思考は「結果」であって、本当の自分とは、それらを生み出している存在のことだ。本当の自分に気づくためには、その背後に意識を向けて、思考や感情を生み出している存在を見つけなければならない。これには時間がかかる。

しかし、本当の自分を捉えることができると様々なメリットがある。たとえば、自分が感じている感情や自分の考えを客観的に捉え、感情や思考をコントロールすることができるようになる。その結果、調和的な人間になれる。あるいは、本当の自分は存在の本質に近いため、そこから受け取ったメッセージを形にしやすくなり、人生の回り道が減る。創造性が増すなどのメリットもある。

目に見えているもの、自分の周りに起こる出来事、心に刻まれるその意味、記憶、限界と可能性、価値観、その他世界に起こるすべての出来事が、実は自分が生み出しているものだと知ることができる。その確信を持つようになると、より自由で調和のとれた人生を送ることができる」

「本当の自分ですか……」

「その主体から見たら、君も他人も一緒のものだ。ただ別のサーバやフォルダに入っているデータにすぎないと気づくだろうね。だから個人など存在しないし、取引も意味がない。だって、君はフォルダからフォルダにデータを移す時に何も感じないだろう？　どちらも同じ〝君〟のデータだからだ」

「個人など存在しない？」

「今まで『自分』だと思っていたものにしがみついていないで、その本当の〝君〟を早く見つけることだよ。そうなればコミュニケーションの問題もすべて片づくだろうね。だって個人も取引も交渉も存在しないんだから。その状態が、さっき言ったlife is beautiful という状態だ。そこでは、完全に自意識なんて言葉は溶け去っている。それが究極のコミュニケーションのプロの状態だね」

「なんだか哲学的な話になってきました」

「そう感じるかもしれないが、本当の哲学ってものは、最も実践的な技術なんだよ。なぜならそれは決してブレない本質なのだから」

「哲学、量子、データ、自分……。いや、本当のことを言うと、さっぱりわからないのですが……」

「うん、それでいい。忘れたって一向に構わないよ。今のままだって君は素晴らしいのだから」

（それでいいんだ……）

最後は煙にまかれるような話だったが、でも、あまり嬉しくない経験とか、失敗した過去とか、そういうものが詰まったハードディスクから自分が自由になれたようで、少しさっぱりした気になった。まあ、よくわからないことだらけではあるが……。

その後も彼は、量子や神など哲学的な話を続けた。このときばかりは僕の気持ちを推理することもなく、最初に出会ったときのマシンガンのようなトークがラウンジに響き渡った。

心のメモ4

テーマ：

すべての悩みである「人間関係」を解決する

〈コミュニケーションを円滑にするために〉

・人は「愛と条件」の間にいる
・善悪もない
・うまくいかない時は、単に「すりあわせができていない」だけ
→　だから、罪悪感を持たないこと
・相手と自分の距離感を図る
→　相手に注意を向ける
・うまくいかない相手とは「三角貿易」を使う
・助けてもらえる人を作るために「信頼残高」を増やす

〈今後、コミュニケーション能力として磨くべきこと〉

・優秀さは、能力×謙虚さ（柔軟さ）
・コントリビューション（貢献）マインドが大事
・柔軟さを身につけるには、海外へ
・「自分と違うもの」に好奇心を持って、飛び込んでいく
・能力がないということは、勇気がないことに等しい
・マスター・メンターラインを作る
・自分の経験ではなく「経験してきた自分」に目を向けると、人生は変わってくる

第5章

僕達は何を学んできて、これから何を学べばいいのか

その日、僕は、部屋の片づけをしていた。流行りの「ときめく」片づけではないが、彼の話を聞いて変わろうとしている自分にとって、この荒れ放題の部屋はふさわしいものではないような気がしたのだ。

不要なものをどんどんごみ袋に投げ込んでいく。

以前に買った高額の英語教材。そういえば、1か月も続かなかった。通信教育で申し込んだペン字の教材とDVD。これは1週間と続かなかった。奥のほうから出てきた、なんとか隊長のバンドとDVD。これもひと夏だけのもの。さらには、大学の時の教科書。ほとんど新品同然だ。

ねえ、何でこんなに「続かないものだらけ」なんだろう……。

でも、考えてみれば、これを全部やったとしても、あんまり稼げるようになる気がしない。まあ、英語は足しにはなるかもしれないけど、大学の教科書は？ もしかしたら、自分にプラスになる気がしないから、続かなかったんじゃないだろうか？ 自己正当化しているだけかもしれないけれど、これは本当に自立するために必要な学びだったのだろうか。稼ぐための勉強をしていなかったから、僕は稼げないのではないか。そんな気がしてきた。

あふれるガラクタの中から携帯が鳴った。

山を崩して着信番号を見ると、紳士のものだった。

「やあ、きっと君は、新しい自分にふさわしい環境に自分を置きたいと思って、部屋の片づけをしているね。そして、様々なガラクタの中に、本当に自分に役立つものがないように見えて、驚愕しているんじゃないか」

「見ていたんですか!?」

「考えればわかるよ。君が今まで何を学んできて、これから何を学ぶべきか、話をしようか」

それより、何で今僕が片づけをしながら、これまでの自分の学びについて反省をしていたことがわかったのか、ということのほうが気になったが、それを聞いても、またブルーになるだけだ。僕は、紳士に会うことにした。

＊＊＊

待ち合わせをした場所は、いつものラウンジ。

「僕が学んできたことって、何だったんでしょうか。これを学んだからといって、お金持ちになれるわけでも、自分で食べられるようになれるわけでもないですよね」

僕は紳士に単刀直入に尋ねた。

「そうだろうね、君達の教育は、自立するためのものではなかったからね。**結局、必要なのは知識や情報ではない。**そんなものは、すべて検索をすれば出てくるし、自分より詳しい人がいれば、その人に聞けばいいわけだ」

「だとすると、今、僕達が身につけるべきことは何でしょうか？」

「それは、考えるということだ。本質的なことを見つけるために」

彼は、自分の過去の話を始めた。

価値になるのは、「本質を考えること」だけ

「私がまだ若い頃コンサルタントをしていた時、ある企業の調査を依頼された。たくさんの資料を集めて、何日もかけて、それこそ睡眠の時間も惜しんで分析した。私は誇らしげに分厚い資料をアライアンス先の担当者に持っていった。しかし、相手は

『これは役に立たない』と言ったんだ。私は落ち込んだ。でも、何がいけなかったのかを知りたかった。すると、相手はこう言った。『**それは情報でしかない。私達が知りたいのは、情報ではなく、この会社の根本的な価値の源泉だけだ**』。そうだ、商品の強みや人事施策など個々の面ではなく、それらを有機的に結びつけている本質を、伝えなければいけなかったんだ。その時、私は学んだ。**何事も、本質を考えるということが大事だ**、ということを」

「情報ではなく、本質なのですね」

「そうだ。情報なんてどこにでもあふれている。一方、自分で何が一番大事なのか、その件に関する本質は何かを考え、導き出せたアイデアは、他に変えられないものだ。たとえば、君は、仕事を依頼された時、相手が本当は何が知りたいのかを考えたことはあるかい？」

「そういえば、ありませんでした。資料を作って、と言われたら、以前の似たような資料に新しい情報をコピペして、それで終わり、ということが多かったです」

「それでは、相手が本当に欲しいものにも近づけないよ」

「さらに、友人との飲み会でも、歓迎会でも、接待でも、デートでも、いつも同じ駅前の居酒屋で済ませてきたな……。ちょっとうるさいし、分煙じゃないけど、安いし、まあいいかって」

「少しずれてるが、本質を考えると、それは分けるべきだよね……」

本質がつかめると効率的になる

「話を戻すが、**本質がつかめると、勉強もラクになる。**Subway（地下鉄）、Submarine（潜水艦）、Subriminal（潜在）。すべて潜るという意味がある。それは「Sub＝下」だということだけ知っていたら、単語自体は覚えなくてもわかる。さらに、アルファベット26文字一つひとつにも意味がある。bなら存在や肯定、dなら方向や減少といったようにね。その本質を知っていたら、単語一つひとつを覚える必要はない。文字列のニュアンスで意味をとることができる」

「そうなんですか？　受験の時に知りたかったな……」

「こんな話がある。大学の会計の授業でのことだ。最初の仕訳の授業の際に、ある学生がものすごく単純な質問をしたんだ。何で左と右に分けるんですか、といったそれこそ単純な話だ。その後、彼は2週間くらい授業に出なくなった。久しぶりに来た彼は、また先生に質問をした。それは、先生も手こずるような、難しい会計原則の根本に迫る内容だった。確か、新しいのれんの償却方法に関する定義だった。みんなびっくりしたよ」

「その間に、彼に何があったのでしょうか？」

「今考えると、彼は、**会計の本質的な原則は何かということを、自分の頭の中で考えていた**のだと思う。彼は、私達のクラスで真っ先に会計士の試験に合格した。やっぱり本質に迫ることこそ、効率につながるんだ」

彼は続けた。

「君も、足し算、掛け算、引き算、割り算を何気なく使っているだろう。でも、**足し算と割り算はどういう関係で、引き算と掛け算の関係はどうなのか、なんて考えることはなかったんじゃないかな**」

「僕は正直、そこまでは考えていなかったです」

「気にしなくていいよ。みんな本質的なことを知らずに使っているのだから」

彼は僕に気づかって言った。

「結局知識なんて、うろ覚えしていればいい。私は『**うろ覚え能力**』と呼んでいるが、**ぼんやり覚えておいて、検索だけできれば、問題ない。**それより必要なのは、むしろ愛嬌だ。愛嬌のある人なら、知識を持っている人に、聞けばいいんだからね」

教育が時代遅れである理由

「そう言われると、僕は何を学んできたのかなあ、という気がします」

「教育というのは常に時代遅れさ。教育という言葉には、『教』と『育』があるが、教というのは社会秩序や社会で求められていることを教え込むこと、育というのは、個人の個性を育むこと。だから教と育は若干矛盾する概念なんだ。それを統合したのが教育さ。社会でスムーズに生きていく力と、自分を開放して生きることを両立させようとしているのだからね」

「なんだか、僕達は、『教』のほうばかり教え込まれてきた気がします」

「だから『育』のほうは自分でやらなければならないよ。でもその前に、教育、特に『教』が時代遅れだという話をもう少ししようか」

「世の中は、まずアカデミズムでの発見があり、それから50年たってそれを使った産業が起こり、そしてさらに50年たってその産業に必要な人材の教育が求められ、そし

図5-1 “頭がよい”の定義は変わってきている

- 拡大・膨張志向の20世紀に比べ、21世紀は、有機・統合の時代に入る。求められる能力は、メモリーやハードディスクの容量から、クリエイティビティへとシフトする
- 鍛えるべきは、むしろ人に助けてもらえる「愛嬌力」や、「うろ覚え力」のほうである

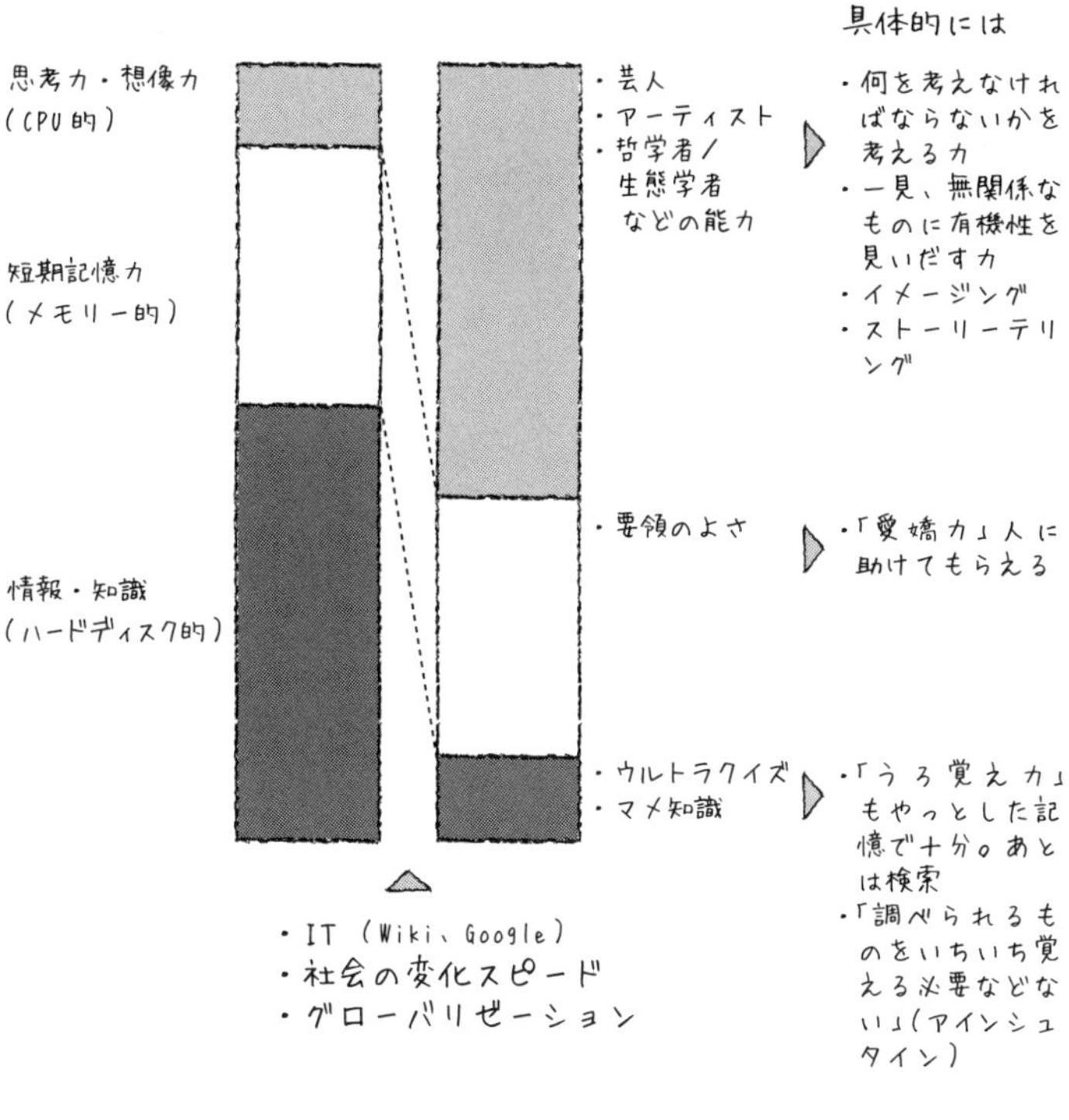

具体的には
思考力・想像力（CPU的）
短期記憶力（メモリー的）
情報・知識（ハードディスク的）
・芸人
・アーティスト
・哲学者／生態学者などの能力
・何を考えなければならないかを考える力
・一見、無関係なものに有機性を見いだす力
・イメージング
・ストーリーテリング
・要領のよさ
・「愛嬌力」人に助けてもらえる
・ウルトラクイズ
・マメ知識
・「うろ覚え力」もやっとした記憶で十分。あとは検索
・「調べられるものをいちいち覚える必要などない」（アインシュタイン）
・IT（Wiki、Google）
・社会の変化スピード
・グローバリゼーション

て50年たって法律や福祉などの社会システムができる。つまり**発見→産業→教育→社会システムまで50年ごとのギャップがある**んだ。具体的にいえば、ニュートン力学がアカデミズムで発見されてから、産業革命が起こり、その労働者を育成するための教育が必要とされ、そしてその弊害を批判する考え方や支えるための社会システムができあがった。これまでに２００年かかっている。質量保存の法則に基づいた社会さ」

「つまりどういうことでしょう？」

「今の世の中を見てみたらどうだろう？　近代は、アインシュタインの相対性理論が発見され、原子力技術や宇宙開発が可能となり、そのためのエンジニアが育てられてきたよね。そして君はまだそのパラダイムの中にいる」

「つまり、相対性理論が発見されてから、それにちなんだ産業ができて、その産業に携われるエンジニア教育が始まった、ということですか？」

「アインシュタインのすごいところは、時空間の相対性をうまく利用して爆発的なエネルギーを作り出すという考え方だ」

「難しいですが、おそらくそんな感じがします……」

さっぱり、話がわからなくなった僕は、曖昧な返事をした。

新しいアカデミズムの流れは、50年後の産業の中心となる

「しかし、アカデミズムはもう次の世代に進んでいるんだよ。アインシュタインは時代遅れさ。今は量子論の世界、これはつまるところ、次元を超えるということだ。時空間はあくまでも3次元のこと。この3次元のコントロールをうまくやったのがアインシュタイン世代。でも今のアカデミズムの世代では、時空間はとっくに超えて、別の次元へ行く話をしているんだよ」

「4次元とかってことですか？」

「今中心になりつつあるのは〝意識〟の話だったりする。海外には物理学や心理学の観点から、意識や心といった研究をしている人がたくさんいるよ。アリゾナ州立大学やケンブリッジ大学の研究など有名なものはたくさんある」

「ごめんなさい、さっぱりわかりません」

「細かなことは本を読めばいいよ。つまり私が言いたいのはこういうことさ。**もしアカデミズムが新しい局面に入ってきたら、その50年後（ちょうど2020年くらい）**

には、それが産業の中心となっているということだ。そして今後は意識が産業の中心になる。意識の次元というパラダイムを中心に添えた産業といえば、**共感や共振を中心にしたもの**になるだろうね」

「具体的にどんな産業でしょうか？」

「本当に具体的な例では、理解と共感に基づいた投資を行なうクラウドファンディングや、市民の共感を票に変えてきたオバマ選挙のやり方、それからＴＥＤのような世界中に無料で発信される知の電波の仕組みなどがこれにあたる」

「これがどんな産業につながっていくと考えているんですか」

「もうインターネットの中には、たくさんの意識が集約しきっていて、いくつかの人格が形成されつつあるのを感じるだろう。つまり**意識の集合体を形成することが新しい産業**になりつつあるんだ。ある意味では新しいコミュニティといえるかもしれないね。だから**これからの産業は、お金を儲けるための経済体を作るよりも、ある価値観を持った共同体を作るというふうにシフトする**。すでにザッポスやクックパッドは独自の共同体を作っているね。他にもたくさん出てきている。単なるビジネスモデルや機能を販売するのは事業とはいえるかもしれないが、企業とはいえない。企業の位置づけはこれからどんどんある**特定の価値観を持った共同体**になっていくよ。そこに共感する人がメンバーとなる」

「となると、企業は何をするところになるのでしょうか？」

「**事業、つまり、何をするかは企業の中でどんどん入れ替わっていくだろうね。**買収や合併もどんどん起こる。でもそれは企業の魂が変わるということじゃないんだ。単に機能としての事業は入れ替えが自由だからこれからますます増えていくだろう。一方で、**明確なビジョンと価値観、理念、強い求心性と遠心力を持った共同体的な企業はますます強くなる。**ナイキやアップルは、単に靴やコンピュータを売っている企業という気がしないだろう。ナイキの先には何かの哲学を感じる、それがナイキの高い収益性にもつながっていることがわかるはずだ」

「つまり21世紀の産業は、共感と共振できるということですね。逆に資本をどかんと投下したりするニュートン力学的な産業や、20世紀後半のインターネットのような時空を超える事業ではなくなるということでしょうか？」

「**インターネット事業はもうすっかりコモディティ**さ。アメリカでは、ネット事業は、すでに鉄道みたいなものだ、といわれている。洞察力のある人は、地球環境学か分子生物学をもとにした事業にシフトしているね。再生エネルギーや再生医療が多いかな。もっと意識に焦点を当てた事業だって生まれている。**ヨガや瞑想を本気で研究しているのは、実はGoogleやノキアさ**」

「そうなんですか!? 日本ではまだまだ先端ベンチャーがネット起業しているイメージがあります」

語学は「話せるてい」でいい

「日本は遅れているよ。君は世界に出たまえ」

「簡単じゃないですよ。語学だってイマイチですし……」

「語学だって、学ぶ技術を使えばいい。誰だって最初から話せるわけないし、話せる・話せないといっても所詮程度論にすぎない。もし、何もできないなら、休暇をとって2週間から1か月語学留学したらいい。そこは飛び込む覚悟でね。**そして帰ってきて、プランを立てるんだ。何ができて何ができなかったのか。**冷静にね」

「でも、そんなにお金はないですし、海外に行く時間もありません」

「ネット英会話なら安いし、フィードバックを受けながら少しずつブラッシュアップしていくこともできるだろう。少しできるようになったら、好きな映画をその言語で何度も見ると、言葉が耳に慣れてくる。あらかじめ物語の内容を知っていれば、話している言葉と、意味がつながってわかるからね。何度もやっていれば、セリフも覚える。そしたら今度は、そのセリフをつぶやいてみる。そして発音も調整していく。ある程度できるようになったら、もうその言語は、**〝話せるてい〟**で生きていけばいい(笑)。誰も責めたりしないよ」

「まずは慣れて、あとは、〝話せるてい〟でいいんですね」

「日本と違って他の国では、字幕や吹き替えも普及していないからね。子どもの頃から異国の言葉で映画などのコンテンツを見るんだ。だから話せるようになるんだね。それを日本人の君もやればいい」

「わかりました。まずは映画から、チャレンジします」

旅で新しい問題意識を手に入れよ

「いいかい? **君達は旅に出なければならない。**小学校から大学まで、今、教室で行なわれているすべての授業は、教室からなくなってしまう可能性だって考えられる。数学も国語も英語もあらゆる知識・情報は、ウェブ上に体系化され、世界最高の講師によって学ぶことになる。知識を伝授する二流以下の教師はいなくなる。知識は場所を選ばないからだ」

「学校で学ぶことは必要ないのでしょうか？」

「では、『教室』はどうなるのか？　なくなるのか？といえばそうではない。『教室』は移動し続ける。教育とは知識と意識を学ぶことだ。したがって、身体で学ぶ学問は当然残る」

「身体で学ぶ？」

「**我々は、場所と環境を変えることによってしか、新しい視点や問題意識を手に入れることはできない。**Google や Facebook の予測を外し、ＡＩ（人工知能）の呪縛から逃れるためには、**私達は場所と環境を変え、新しい問題意識を手に入れ続けなければならない。**ＡＩは人をどこまでも追いかける。だから君達は『物理的』に逃げなければならないのだ」

「確かに、Google や Facebook に知識では勝てませんし、ＡＩが人にとって代わるという話もありますね」

「旅に出て自分なりの問題意識を持つこと。私自身についていえば、今年の夏の3か月、東京には5日しかいなかった。北海道、神奈川、大分、東ティモール、ヘルシンキと移動した。スカイプで仕事も課題もこなせる。知識や情報は場所を選ばないのだ。しかし、物理的に北海道に行かなければ、アイヌや大麻文化の社会的意義について、主体的な問題意識をもって『検索』することはなかったし、大分に行かなければ、温泉街におけるアジア留学生招聘システムによる地域復興戦略を考えることもなく、東ティモールに行かなければ、10年前のこの国に起こった悲劇や、アジア小国の産業戦略について考察することもなかった。エストニアという国が30代の若い行政官達によって最先端のICTを使った社会システムを構築していることについても、フィンランドの鮮やかなデザインの成立背景に問題意識をもって調べることもなかった」

「そんなに、色々なところに行ったのですか?」

「**旅(移動)をし続けなければならない。そうでなければコモディティ化から逃れることはできない。**大事なことは知識や情報ではない。意識だ。知識は体験による身体感覚との結合を経て、初めて智恵となる。そして、物理的な環境の変化のみが意識変革をもたらす。21世紀、教育において、『教室』は移動し続けることになる。『移動教室』こそが教育の本命となる」

紳士の話は、正直、途中からだんだんわからなくなったのだが、「旅」をして、自分なりの問題意識を持って、自分の意識を変えていくことが大事なのだろう。思いがけないものを組み合わせて新たな問題意識を作ることは、きっと僕に同じ種類の本ばかり勧めてくるコンピュータにはできないはずだ。

21世紀に必要な3Cとは

「さて、すっかり、長くなってしまった。話を戻そう。教育は時代遅れだという話をしたね。君が受けてきた教育は、前時代の産業システムに基づいたものだから、これからは役に立たないよ。まずは**今のアカデミズムをさわりだけ学んでこれから出てくる産業や教育に基づいて生きていくべきだ。**今のアカデミズムから考えると、今、学ぶべき、子どもに学ばせるべきは、主体性と共感心だ。グローバルに生きて、様々な価値観を知り、自分との違いをわかった上での人間関係・信頼の作り方だとわかるね。

決して、プログラミング教育や英語じゃない。それらはアプリケーションであって、あとでいくらでも付け足せるからね」

「学ぶべきことも変わっていくのですね」

「20世紀に必要だった3Cは、キャッシュ（金）、コネクション（人脈）、コンペティティブネス（競争力）の３Cだった。**21世紀の３Cは、キュリオシティ（好奇心）、クリエイティビティ（創造力）、クレディビリティ（信用力）となる。**好奇心を持って異文化にあたり、そこから触発されて何かを生み出す。そして、信用力は、人間関係を結ぶ原点となる。これを忘れないように」

僕は、今までとはまったく違う「学び」についての話に魅了されていた。旅に出れば、今までとは違った気づきが得られるかもしれない。そんなことを考えている僕に、紳士は、ふと言った。

「だとすると、君が迷っていた、あの教材の類は、まず捨ててしまっていいんじゃないかな」

「え！　そこですか!?」

図5-2 20世紀と21世紀に必要なものの違い

20世紀の3C	21世紀の3C
・キャッシュ （金） ・コネクション （人脈） ・コンペティティブネス （競争力）	・キュリオシティ （好奇心） ・クリエイティビティ （創造力） ・クレディビリティ （信用力）

「君のことだから、英語の教材と、ペン字の教材は残しておこうなどと思ったかもしれない。なぜなら、君の字はかなり癖がある。そして……」

こうして、僕は、その後、結局、紳士の推理話も聞かされることになったのである。

テーマ:

何を学ぶか

〈「本質」は何かを考える〉

・情報ではなく「本質」が大事

・本質を考えると、物事は効率的になる

〈教育は時代遅れである〉

・今のアカデミズムの潮流は50年後の産業につながる

→ 今なら「意識」

→ 産業は経済体よりも「共同体」を作ることにシフトする

→ 企業は「同じ価値観」を持った共同体になる

〈語学は「話せるてい」でいい〉

〈旅をして「問題意識」を手に入れる〉

・Google や Facebook、AI を超える唯一の方法

〈21世紀の3C〉

・キュリオシティ(好奇心)

・クリエイティビティ(創造力)

・クレディビリティ(信用力)

第6章

事業の本質

1人でも食べていくために仕事を創り出す

昨晩、彼から突然電話があった。

「君は私にもう会いたくないと思っているね」

突然すぎて、何をどう返していいのかわからなかった。僕にはまったくそんな気持ちはなかったし、どこをどう推理したらこんな話になるのだろう。

「君はお金持ちになりたいと言った。私はお金の本質について語ったが、それを得る方法を教えていない。お金を得るには、価値を生み出す仕組み、すなわち、事業の創り方を学ぶ必要がある」

「今までのお話も、自分が今までとは違う人生を歩むために必要な話だと思っています」

「本当にそうかな」

「そうです！」

紳士は少しの間、沈黙した。

「明日、14時に、またラウンジに来てくれないかな。事業の本質について、君に話しておこうと思う」

僕は嬉しかった。経済のこととか、今後の社会のことを考えたら、僕がこれからどうなるかわからないし、それ以上に、会社だっていつどうなるかわからない。なんだかんだいっても、自分1人で食べていくための方法は必要だと思っていた。

僕は胸が高鳴った。

＊＊＊

いつものラウンジ。紳士は、昨日の電話などなかったかのような顔をして、こちらにやってきた。

「今日は楽しみです。僕だってお金が欲しいし、でも具体的にどうやって稼いだり、事業を創ればいいのか、まったくわからないからです」

「そうだろうね、君達の教育は、自立するためのものではなかったからね」

「先日、地球環境学や分子生物学が今後の産業の中心になると言ったが、これらは理系の話だ。**文系出身の人間ならば、事業の仕組み・デザインを学んだほうがいいだろうね**」

「まず、君が好きなことでお金を稼ごうとしたら、何ができるかな？」

「えっと、実は釣りが好きだったりするので、そのまま漁師になるとか、そういうことですか？」

「私は事業に対して大事なのは、『何をやるか』ではなく、『何で（どこで）、どのようにやるか』が大事だと思っているよ」

夏目漱石が成功した理由は、「朝日新聞」に連載したからである

「さて、話を先に進めよう。大事なことは、〝**何をやるか、でなく、何で（どこで）やるか**〟を決めることだ。君は、なぜ、夏目漱石が有名なのか、わかるかい？」

「やっぱり内容がよかったからじゃないですか。中学の教科書にも出ていましたし」

「いや、私は**夏目漱石は本当に文豪だったのか？**ということすら疑問に思う。出てくる人出てくる人、ただの引きこもりではないか」

いや、そうでもないと思うのだが……。

「それは冗談だが、夏目漱石が成功したのは、〝**朝日新聞**〟**という新しいメディアで連載を始めたから**ではないかな？ 朝日新聞は当時画期的で、注目を浴びた一番のメディアだ。そのメディアで連載を始めたからこそ、あれだけ成功することができた。

図6-1 メディアがコンテンツを規定する

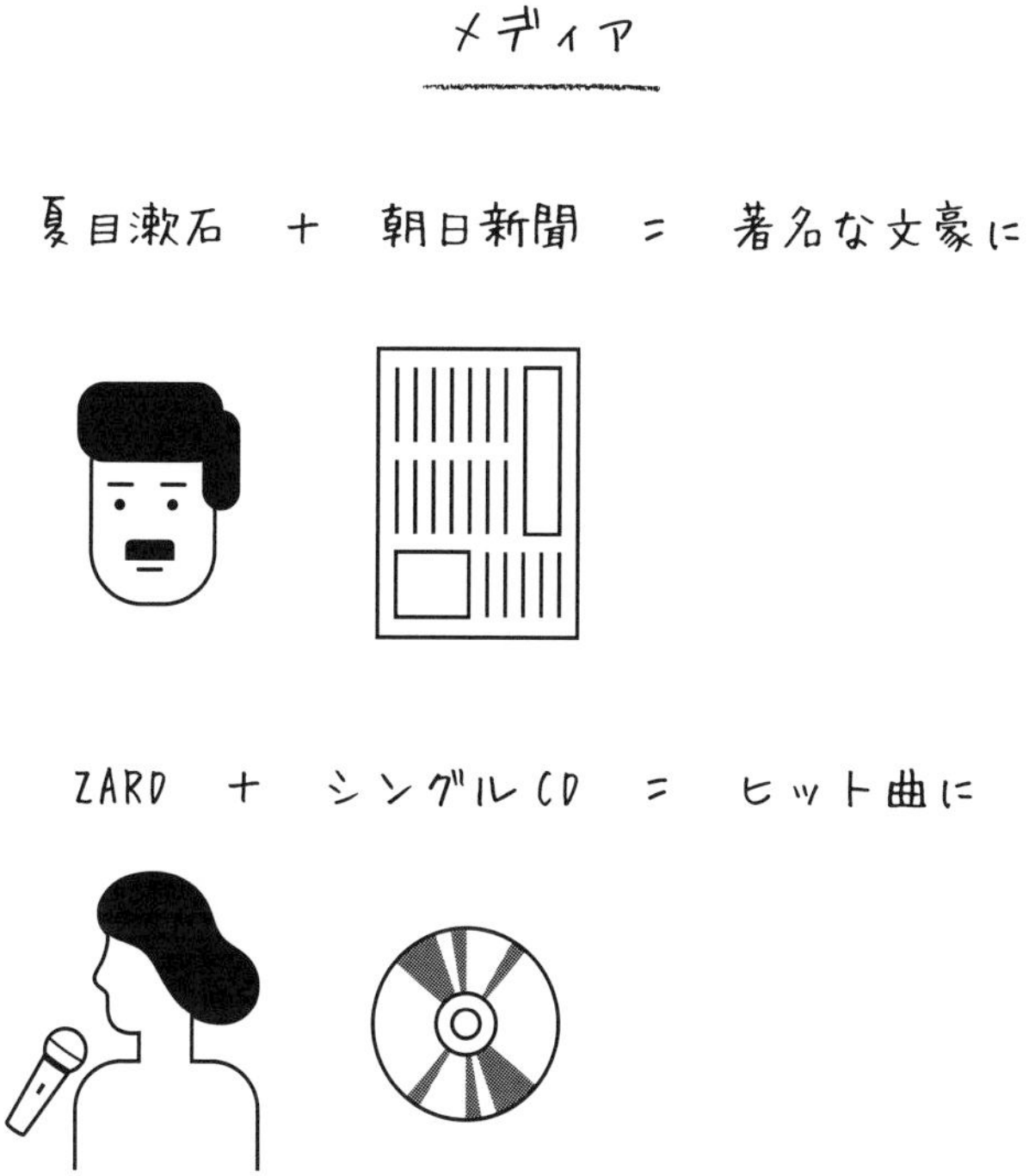

それこそが、成功の要因だ」

「確かに、そうかも」

「みんな誤解をしているようだが、**コンテンツに価値があるのではない。メディアがコンテンツを規定するんだ。**君はZARDを知っているかね」

「『ゆれるおも〜い、〜なんとか』っていう歌ですか」

「さびだけ知ってるんだね」

「まあ、そんなに詳しくないですから」

「いや、それこそが大事なんだ。ZARDの歌はすごく売れた。そして当時は、カセットテープからシングルCDへの移行期だった。このシングルCDが出た時は画期的だったよ。カセットテープは頭出しができない。つまり、曲の一番最初から聞こうと思っても、自動的にはそれができないということだね。だから、カセットの穴に指を入れて、くるっと回さなければならない。どこが曲の頭なのか、何も目印がないわけだから、職人的な技だ」

紳士は、そこにカセットテープの穴があるかのように、指をくるっと回して見せた。

「しかし、シングルCDは頭出しができる。これがシングルCDとカセットテープの根本的な違いだ。そして、その時、ZARDは、**シングルCDで最初にさびを歌った。**これが、大ヒットした。先ほど、君もさびだけ歌ったが、みんなさびが聞きたいんだ。だから最初に持ってきた。**そしてそれは最先端のメディアに合ったコンテンツとなった。**それが成功した理由なんだ」

「内容でなくて、メディアが勝敗を決めるんですね」

「同じように、今のIT業界も、逆転・下克上がどんどん起こっているが、結局のところ、新しいメディアやデバイス（機器）に合わせたコンテンツを提供した会社が勝っている。つまり、**肝は何をやるかよりも、何でやるか**のほうだということだ」

「言われてみればそうですね。パソコン時代にはミクシィがグリーを引き離しましたが、ガラケーになってグリーが逆転、その後、スマホになったら今度は、ガンホーがパズドラで一気に登り出て任天堂を超えてしまいました。では次のメディアは何か？ということですね。タブレットのようなものか、アップルウォッチのようなウェアラブルデバイスか。人々が見る・使うメディアやデバイス、決済方法に合わせて、作り出す必要があるということですね」

「そうだ。**事業の本質は、〝顧客創造〟**だ。ドラッカーも言っているよね。そして顧客創造のためには、真っ先に顧客に近く、寄り添ったところが勝つ。これが鉄則だ。顧客をよく見たまえ」

Facebookのユーザーが本当に望んでいることとは?

「顧客創造って、どういうことでしょうか?」

「たとえば、Facebookを市場として、そこでどんな事業ができるかを考えてみようか」

「ユーザーは、コミュニケーションのツールとしてFacebookのサービスを使っているのですよね。だったら、スタンプとか、そういうものかなあ」

「そうだね。でも、Facebookを使っている人はどんな欲求で使っているんだと思う?」

「いえ、わかりません」

「Facebookユーザーは、10億人、まじめに使っているのが1億人(10%)としても、1人が5000円払えば、5000億円市場になる。これは国内ゲーム産業の総額や国内すべての教育産業と匹敵する巨大な市場規模だ」

「そんなに大きな市場になるんですか！　今までみすみすチャンスを逃していた気がします」

「では、『Facebook市場』とは何か？　それは、『自己顕示欲求市場』だと思う。『リア充アピール』されて、嫌になることもあるだろう」

「確かに。それでやめる人もいますよね」

「インターネットがなかった頃、若者は、BMWを買って町に繰り出してアピールしていた。しかし、今は、BMWを買うよりFacebookのアカウントのほうが重要だ。みんな見落としているけれど、車の競合は、SNSなんだ」

「自分をアピールしたい。『いいね』を増やして認めてもらっている実感が欲しいってことですね。そういえば、今後は生存欲求ではなくて承認欲求が大事って言っていましたよね」

「そう、そこから考えていくと、こんな事業もあるだろう」

・プロフィール写真撮ります！（写真好きの人　3000円or飯おごります）

・似顔絵書きます！（イラストが上手な人　500円）

・ヘアメイクします（メイクアップアーティスト　1万円　写真とセット）
・「有名人と会ったよ」アピールできます（有名人1人当たり3万～300万円で握手、写真やインタビュー。昔からあるビジネス）
・レセプション・結婚式への参加。セレブとの会食
・子どもの写真撮影（これは最も大きい。出張家族写真ビジネスは、3万円）
・学歴・知識・語学（セミナービジネス、skypeでの語学レッスン、翻訳やネイティブチェックなど）
・料理・インテリア教室（女子力・男子力アピール）
・マラソン・筋トレ（健康、セックスアピール）
・ボランティア（善人アピール）
・絵・音楽（才能アピール）
・旅行（行ってきたアピール。マチュピチュ・モンサンミシェル等）
・住んでいる場所・チェックイン場所アピール
・結婚・出産アピール

「こんなふうに、いくらでもある」

「なるほど、『アピールできる自分』を作ってあげているのですね」

「気づくべきポイントは、Facebokのユーザーが求めているのは、(身近な)人からの賞賛であって、本質的なスキルや知識ではないことだ。たとえば、昔から英会話教室というのは、英語を学ぶ場所ではなく、出会いの場とファッションだった。それを知っている教室は伸び、他は廃れた」

「なるほど、顧客が本当に欲しいものって、思っていることと違うことも多いのですね」

「意識の次元を変えて見てごらん。そうすると、**違うニーズが見えてくる**」

「顧客に寄り添うって、深いことですね」

サッカーが偉大なのは、そのマーケットの広さにある

「もう1つ顧客創造で大事なのは、**マーケットの広さ**だ。サッカーの中田選手を知っているだろう? 先日、彼はテレビの取材で、**『僕がすごいんじゃない、サッカーが偉大なんです』**と答えていた。確かにサッカーは、ボールと空間さえあれば誰でもどこでもできるという意味で、貧富の差を問わない、最も敷居の低いスポーツであり、

それゆえに世界最大の競技人口を抱え、大きなマーケットを形成できている。**顧客創造を考える時に、そのマーケットの大きさを認識することも大事だ**」

「顧客に寄り添うことと、マーケットの広さか。魚ならマーケットは広いし、顧客によっても、『なぜ、魚を食べるのか』は変わってくるな。単においしいからだけでなく、健康志向とか、なんとか。そういうところを考えると、きっと違ったビジネスもあるんだろうな」

「しかし、君は本当に魚で身を立てたいのかい？」

「……いえ、考えてみると、そうでもありません」

「……」

ディズニーランドは入場料で儲けていない？

「もう1つ、ビジネスには『どこで儲けるか』というポイントが大事だ。たとえば、ディズニーランドは何で儲けているのか、知っているかな」

「簡単ですよ。入場料でしょ」

「いや、実際は、**飲食と物販**なんだよ。ワールドバザールに行くと、たくさんの買い物袋を持った観光客を見かけるよね？　あれで儲けているんだ。これと同じことをしている格安旅行会社もあるよ。海外ツアーで途中でお買い物に連れて行かれたりすることがあるよね。そのキャッシュバックで、利益を得ているんだ」

「そうか、もし、漁師になったとして、観光客を一緒に船に乗せて釣りツアーなんかをしてもいいいんだな」

「**多くの人は、その事業で儲けているように見えるが、実際には違う。**そこは覚えておくといいよ。劇団の経営をしていた時だが、通常、劇団は公演だけでは、なかなか収益が出づらいんだ。そこで、お芝居の小道具でおみくじが出てきたら、そのおみくじを売ったり、ＤＶＤやそのほかの物販を始めたり、小道具を別の劇団に貸したり、ということも始めた。すると、収益は１００万変わってきたよ」

「そういう小さなアイデアでも、お金は儲けられるんですね」

継続してお金を得るために

「**1回やったら継続的にお金を儲けられる仕組み**を考えておくのもいいね。**ストック**

モデルというのだが、たとえば、アーティストにおけるファンクラブなんかがそうだね。今は、noteのような課金プラットホームもでき始めているから、みんなに提供できるコンテンツがある人なら、やってみてもいいだろう。また、**スポーツクラブのように会員制にしたり、通信教育のように先にお金を支払ってもらうものもある。**お客さんは、使っていないのに、お金だけ入ってくることも多い」

「僕も身に覚えがあります。英会話教材とか、スポーツクラブとか、ほんとに」

「何も提供していないのに、お金が入ってくるから、気が引けるところはあるかもしれないけれど、こういう仕組みもあるってことは知っておいていいと思う」

事業はたった6つのパーツからできている

お金を儲けるアイデアというのは、僕が思っていた以上にたくさんあった。何かのコツがあれば、それを考え出すことはできそうだ。しかし、考えてみると、アイデアがあっても、今の自分には、それをどう実現していいのかわからない。そこはぜひ聞いておかなければ。

「でも、アイデアだけあっても、実現はできませんよね」

「では、より体系的に事業の創り方を教えよう。これができたら、君の人生はだいぶ楽になる。事業を創るには最低限6つの技術パーツが必要だ。①構想、②プロダクト、③顧客、④ファイナンス、⑤組織、⑥利益方程式だ。アイデア（構想）は、6分の1でしかないんだよ。

まずは**構想**だが、どんなものを創ったらいいのか、何のために創るのか、どうやって創るのか、ぼんやりとした形をじっくり考えることだ。考えるためには、より多くの人や知識・教養を持っていなければならないね。

それから、**プロダクト**だ。これが要するに具体的な売り物、製品・サービスのこと。それがなければ事業はできないのは当然わかるね。

そして、**顧客**だ。いいかい？　先ほど言ったように、事業の本質は、顧客創造だ。顧客の切実なニーズを読みとり、それを顧客に一番寄り添った形（メディア・デバイス・提供方法・価格）で提示すること。ビジネスは、顧客にお金を払ってもらってなんぼだ。

次に、**ファイナンス**。ファイナンスというのは、お金の調達のことだ。製品を作るためにも、その体制を作るためにも、人とお金が必要だ」

図6-2 事業創造のフレームワーク

⓴再現性のある方程式を持つことはとても大事

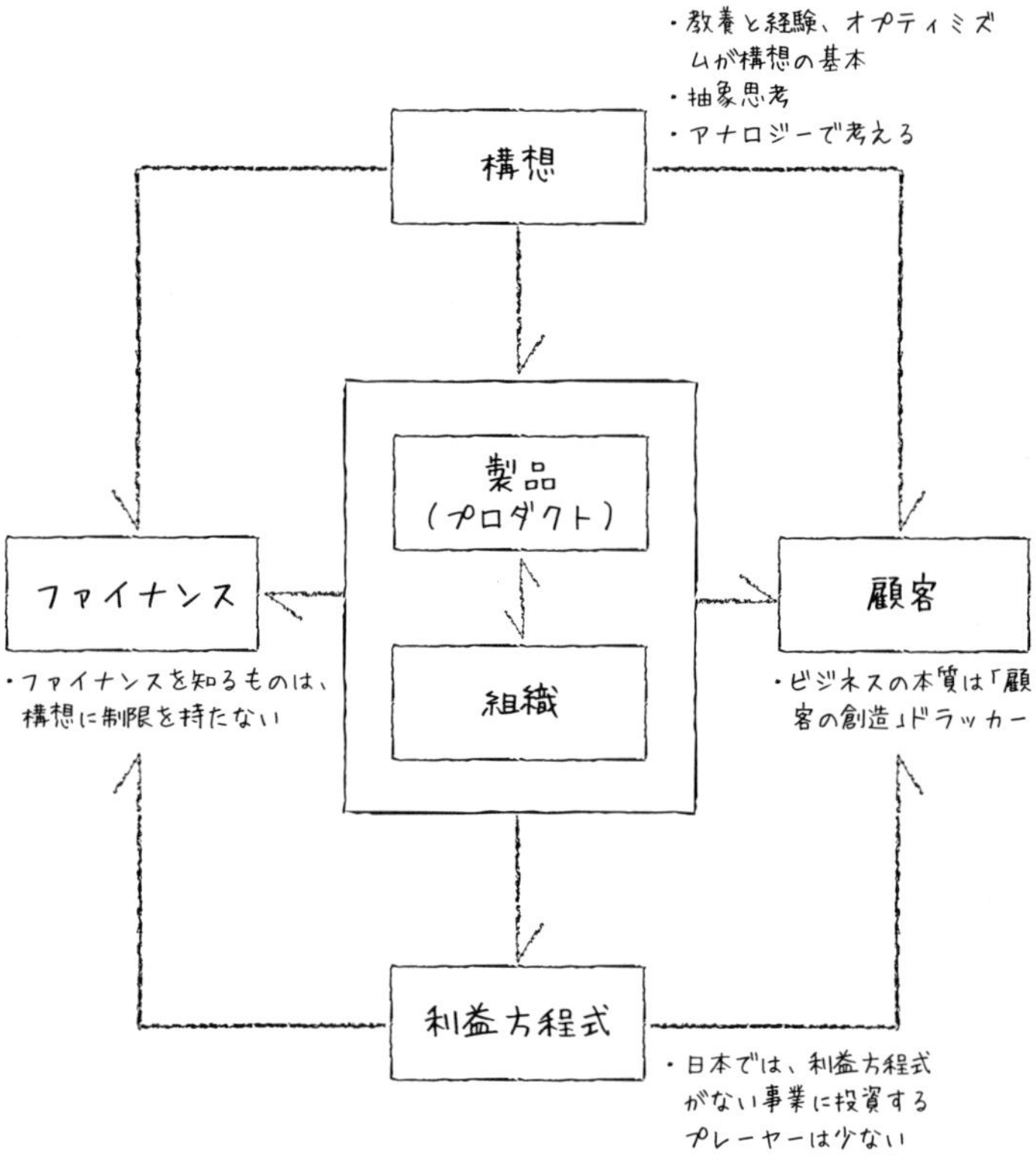

・教養と経験、オプティミズムが構想の基本
・抽象思考
・アナロジーで考える
構想
製品
（プロダクト）
組織
ファイナンス
・ファイナンスを知るものは、構想に制限を持たない
顧客
・ビジネスの本質は「顧客の創造」ドラッカー
利益方程式
・日本では、利益方程式がない事業に投資するプレーヤーは少ない

「たとえば、アップルウオッチだったら、身につけられるコンピュータが欲しいという構想がありますね」

「そうだ、この場合、技術的な卓越性という強みを活かした構想ではあるがね。しかし、それゆえに、誰にも真似されることがない」

「顧客は、SFなんかを見ていてぼんやりと、あんなのが欲しいなあと思っていた。アップルを『未来を作る先進的な企業』というイメージで見ている顧客としては、最適なメディア(企業)で出たということにもなりますよね。調達としては、技術者や資材や、製造のラインが必要だから、そのためのお金を銀行から借りたり、出資してもらったりする」

「そういうことだね」

「でも、言うのは簡単ですが、そんなことできません」

「**人を集めるためには、構想と人格で惹きつけ、満足する報酬と精神的な安定と幸福を提供する。お金を集めるためには、お金の出し手の人間的信頼を得て、満足するリターンを提示する必要がある。**人格や信頼の作り方は以前に述べたからできるだろう。構想は、なかなか難しいが、先に話したことといくつかのプロフィットパターンを覚えておいて応用するといい。あとでまとめたものを渡そう（図6－3、6－4）。また、パターンを考えるためのポイントもまとめておいたので、参考になると思うよ。

その次が組織だ。プロダクトを開発し、製造し、販売するチームを組成する技術のことだ。

そして、最後に、利益方程式。顧客からの売上、投資家へのリターン、製品と組織にかかるコストの3つの関係をバランスさせる方程式を言語化することだ。事業は、構想→製品→利益方程式のタテの流れと、ファイナンス→製品→顧客のヨコの流れの掛け算でできているんだよ。タテの流れで事業を創り、ヨコの流れでお金のサイクルを回すんだ。わかったかな？」

「売上≧リターン＋コストになればいいということでしょうか」

「それでよい。後は……」

「少しずつ学んでいけばよい、ですね（笑）」

「わかってきたじゃないか。そうだ。何事もステップ・バイ・ステップだ」

図6-3 プロフィットモデルのパターンを知っておく

● 同じものを提供していても儲け方（プロフィットモデル）で結果は変わってくる

類型	フロー型	ストック型	エクイティ型	乗数型
収益イメージ	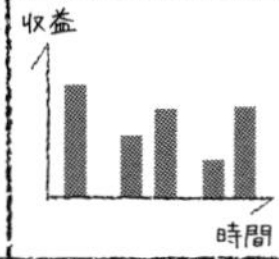	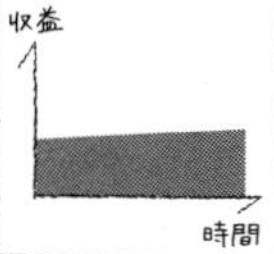	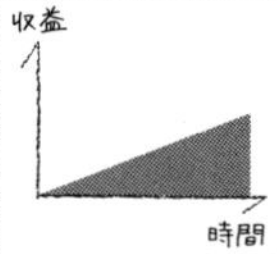	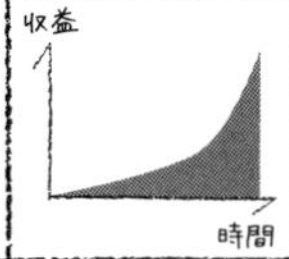
概要	商品・サービスを提供した段階のみ収益となる	サービスを一度提供すると、継続的な利用が見込め、定期的な収益となる	従量制のサービスや、投資銀行の手数料、成果報酬が収益となる	汎用性のあるサービスを大勢の人に提供し、利用者数が増加することで収益となる
成功要因	企画提案力／製品・サービスの付加価値	市場占有率（初期営業力）／インフラ構築力	パートナーシップ構築力（柔軟性）	先行性／資本力／ネットワーク構築力
業種例	コンサルティング／小売・卸売業	電力・ISP・携帯キャリアなどのインフラ業	ペイパービュー	モバイルコミュニティ／オンラインショップ
メリット	商品力やノウハウがあれば参入が容易	シェア獲得後の収益の安定性	各バリューチェーンにおける多様な収益源	事業成長後の高収益性
デメリット	商品・サービスの一般化に伴う過当競争	クリティカル・マスの確保までに長時間を要する	外部リソース活用に伴う調達リスク	初期段階における資金調達が困難

（BMP作成）

図6-4 自分のパターンを考えてみよう

⑳以下の質問を自分の事業に当てはめてみたら、どんな工夫ができるだろう

1 スポット（1回提供してお金をもらう）なら、何をいくらで提供する？（例：コンサルティング）

2 ストック（継続課金）なら、誰に何を提供する？（例：水道料金）

3 エクイティ（成果連動）なら、顧客のどんな成果と自分の報酬を連動させる？（例：馬のえさとレースの成績）

4 乗数モデル（人が集まるほど取引が生まれる）なら、どんなマッチング（出会い）を演出する？

5 「人との“つながり”」や「ストーリー（物語）への共感」をお金に換えるなら、どんな方法がある？（例：ファンクラブ、ほぼ日刊イトイ新聞における物販）

6 コアの商品の周りにサービスを付加していくなら、何が考えられる？（例：チェーンホテルにおける広告）

7 バリューとキャッシュポイントを分けるとすれば、お金は何で儲ける？（例：ディズニーランドにおけるお土産、HIS におけるオプションツアー）

8 お金を回収するポイントや支払い方法を変えてみよう（例：写真家がダウンロードの際にクレジットで写真代を請求。大道芸人がSUICA の端末で投げ銭をとる）

9 法人をお客さんにするとすれば、どこに何を提供できる？

10 価値を提供する相手以外からお金をもらうとすれば、誰から？

事業家になるために必要な3つのスキル

「私は、これからソーシャルデザイナーや事業家になるには3つのスキルが不可欠だと思っている。

まず1つは、**イシュー（本質的な問題）に対して、それを解決するための方程式を構想すること。**もちろん問題の大きさより、それを解決するためのソリューションコストのほうが大きかったら方程式は成り立たない。ペイする方程式を作れるようになるためには試行錯誤が必要だね。

2つ目は、**方程式の各要素（モジュール）を調達し、有機的に結びつけること。**この時には、アナロジーで考える力やたくさんの異分野のモジュールを知っておいたほうがいい。絵の具の種類は多いに越したことはないからね。人脈と教養も大事だってことだ」

「アナロジーとは、どういうことですか？」

「類似するものを見つけてきて、それを応用するというような意味だよ。たとえば、最近ある和菓子メーカーがその場で和菓子を作ってカウンターに座るお客さんに出すというお店を始めたが、お寿司屋さんのアナロジーといえるかもしれないね。

最後は、**この方程式を継続的に動かすためのリソース（資金や人財）を手に入れるための信用と、方程式を動かすためのオペレーションマネジメント。**要は、お金と人をどう動かして、ビジネスを成功させるかってことだ。これは年の功かもね」

「なるほど、聞くと難しいですが、**各要素を調達して、結びつけて、うまく動かして、さっきの方程式が成り立つようにすることが事業ということなんですね。**一番最初に戻るなら、**最初に各要素がつながる方程式を考えておいて、それをやってみて、ダメだったらまた検証すればいい**ってことですかね」

「まあね、でも、スノーボールではないが、少しずつやっていけばいいと思うよ」

「これまでどんな事業を作ってきたのですか？」

「私は、約10年間、M&A（合併・買収）戦略の仕事をした後に、独立していくつもの事業を創ってきた。最初に創ったのは、世界中の企業の実態や価値を誰でも一瞬でわかるようにするツールだ。これは一時、証券会社に売却したが、やがて自らの手で創り直した。もちろん証券会社との合意の上だ。それからベトナムに雑貨屋やレストラン、民間宇宙開発ロボットの会社創り、日本漢方、クリスピー・クリーム・ドーナツの日本参入、電気自動車、海外ビジネス研修プログラム事業を行なう旅行・研修会社、ソーシャルファンディング、ITセキュリティ、時間銀行、農業、アジアメディア、劇団経営などだ」

「なぜそれほど多岐にわたってできるのでしょう?」

「それは、業種の知識でなく、**事業の本質に基づいて作ってきたからだ。**再現性のあるやり方で、先ほどの6つの技術パーツを丁寧に学び続けた結果だよ」

「イーロン・マスクを生み出したこの世界」の仕組みを考えよ

「イーロン・マスクを知っているかい? 彼は、今、起業家のヒーロー、リアルなアイアンマンとして人気絶頂だ。マスコミは彼を追いかける。だが、本当は、逆に〝イーロン・マスクを生み出すことのできたこの世界〟の新しい仕組みを考えることのほうが大事だ。彼はあっさりと、Paypalの創業で大金持ちになったあと、テスラモーター(電気自動車)とスペースX(宇宙ロケット)とチューブ(高速鉄道)を起業して成功している。そんなことができるこの世界の仕組みは一体何なのか考えてみることが大事だ」

「イーロン・マスクを生み出した世界の仕組み?」

「それは、**今の時代、最高の技術に関する知見に誰もがアクセスできるということと、圧倒的な資本調達の可能性**に答えがあるんだ。

起業家の役割は、全体構想とモジュール分解。モジュール分解というのは、つまり、構想を実現するためには何が必要なのか、そのパーツを見つける、ということだ。おそらくイーロン・マスクは、〝**この世のあらゆるモジュール分解された資源は調達し得る**〟ということを疑っていない。だからこそ自身はひたすら構想とそのための知識に集中し、構想化された方程式が現実世界で機能するかをひたすら検証し続ける。そしてそのための資本集約のための技術と信用を保持する。そういったことだ」

「イーロン・マスクと僕の、決定的な違いとは何でしょうか」

「普通我々はリソースベースで物事を考えてしまう。これは、手元にあるものでどうにかしようという発想だね。だがこれは分業とネットワークが十分でなかった20世紀の発想だ。いまや、世界はあらゆる分業と資源の調達を可能にする。新しい物事の実現に必要なのは**構想と信用と公共精神**にすぎないのだ。それが今の世界の仕組みなのだよ」

「その中で、あなたはどんな事業をしているのですか」

「私は、事業を0から1にすることが好きなんだ」

「0から1ですか?」

「事業創造というのは、0から1にある。**ブルーオーシャンもそこにあるんだ**」

怪訝な顔をする僕に気づき、彼は丁寧に話を続けた。

「事業という視点で見れば、世の中には3つの世界がある。1つは、1以上の整数の世界。君も会社で見ていると思うが、損益分岐点とか、利益計画とか、エクセル上で利益が計算できる世界だね。

前にも話したが、整数というのは、世界80億人誰もがわかる言葉だ。この世界では、**数が大きければ大きいほどいいというゲーム**になる。頭のいい人は、その世界で計算しながら競っている。でも、今、君が仕事がつまらないと思っているのであれば、この整数の世界にいるからかもしれない。**そこで勝つためには、アイデンティティや主観を入れてはいけない。**みんながわかることをして、ひたすら数字を大きくしていく。

一方、私が得意な領域は、0から1の世界だ。割り切れない数字、1に満たない数字の世界だ。素数のような無理数の領域だね。ここには、言語化されていない主観的な世界やアート的な世界がある。**本当の価値は、この世界の、客観化されていない無理数のアイデアの中にある**んだよ。それを、整数まで持っていって、利益が出るようなビジネスにするのが私の仕事だ。ここは誰も入ってこないから、ブルーオーシャンになり得るんだ」

「もう1つは何ですか?」

「それは、マイナス×マイナスがマイナスの世界。虚数の世界。無理数・整数の世界とは反転した裏の世界だ。この世界はこれまで何度か話してきた3次元とは、別の次元に属する。意識はその世界に入り得る。まぁ、だが、この話は君にはまだ早すぎる。事業を成功させるには、まずは0~1の世界にある間に、**頭の中のイメージをどれだけビビッドに描ききれるか**が大事だ。それを丁寧に毎日毎日描き続けることだ」

「そういうイメージも大事なんですね」

「意外に思うかもしれないけど、こういうことが強い力を持つんだよ」

「1以上の世界に持っていくには、何が必要なのでしょうか?」

図6-5 事業創造のブルーオーシャンは、0〜1の間にある

世の中の頭のよい人のほとんどは、計算可能な世界、つまり1以上の整数の世界に住んでいる。ソロバンが弾けるところ（エクセルの世界）で計算能力を競っている。
だが、本当の価値は、まだ客観化（数値化）できない領域、つまり0から1の間の無理数にある。そこは、直観（Intuition）の世界

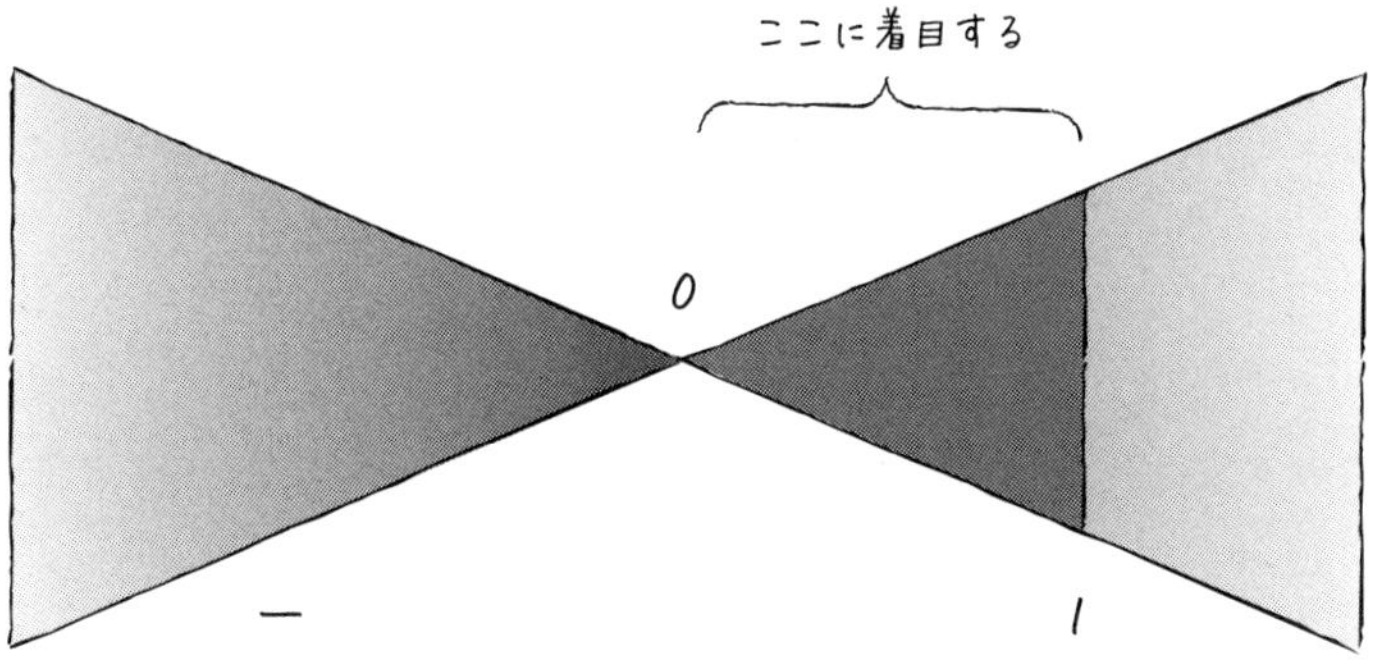

虚数（マイナス×マイナス＝マイナス）
4次元
神域
量子

5次元

無理数（3.1415……）
2次元
アート
主観
非言語
（直観／概念）

整数
3次元
プロダクト（商品）
客観
言語化できる
（論理／数字）

「タテのラインで事業を創造して、利益の方程式を成立させることができたら、整数のゲームに入れる。そうしたら、なんとかなる。しかし、1以上にするのは大変だ。宇宙事業だって、最初はただの夢物語だと言われた。でも、国際レースに勝ち、事業の方程式が見えるようになってから、出資もしてくれるようになる。その方程式を成り立たせるためには、さっき説明したようなパターンをどれだけ知っているかが大事なんだ」

「やっぱり難しいのですね」

「一番最初に話したことにもつながるが、大事なのはやめないことだ。**松下幸之助**だって言っている。『**成功の秘訣は成功するまでやり続けることだ**』ってね。会社だって潰れなければ続くんだ。**事業の成功の80％は、運や流行の波が影響する。**釣りだって、魚がいるかどうかを知る魚群探知が一番大事であって、道具やスキルはそのあとだろう？　魚がいるという運や波が一番なんだ。運と波をつかむまでやるしかない。そこまで続けられるかどうかだ」

「失敗はあるのですか？」

「何度も言うように、私に〝失敗〟という概念はない。ただうまくいかなかった方法を学び、フィードバックするだけだ。私は言語化するのが得意だし、好きだからな。たくさんフィードバックを得たい。だが、そうだな、いわゆる失敗はたくさんある。銀行に提出する数字を計算し間違えて辞表を出したこともあるし、パートナーとのコミュニケーションがうまくいかず、去っていった人もいる。それ自体はとてもつらい記憶だが、今としてはいい青春の思い出だよ」

お金を稼ぐのは簡単だ。ただ、淡々とニーズに応えればいい

「ところで、君には、やりたいことはあるのかな」

僕は、少し迷って言った。

「僕は仕事で成功して幸せになりたいです。でも、まだ何をしたいのかがわからないんです。できれば、好きなことをやってお金が稼げたら一番いいですよね」

「なるほど。アートとビジネスは分けたほうがいいな。**主観と客観も分ける**べきだ」

「主観と客観ですか？」

「それができたら本当にすごい。私自身もまだジレンマを抱えている」

こんな人でも悩むことがあるのかと僕は不思議に思った。

「いいかい。たとえば、起業するとする。その時大事なのは、**ニーズの引力には逆らわない**ということだ。世の中が求めているニーズの引力には、従ったほうがいい」

「自分がこういうことがしたい、というのではダメなんですか？」

「何かの想いがあって起業する人は多い。**でも、想いというのは主観だ。**私はこれで、最初の起業でつまづいたんだ。私の一番最初の会社で、私が何をしたかというと、チャートで一瞬でその企業の状態がわかるようにしたんだ。私はM&Aのコンサルタントとして、企業分析ができたからね。そして、それをすることで、私は、会社というものはこんなにバラエティがあるんだよと世間に訴えたかったんだ」

紳士の起業当時の話を聞くのは初めてで、僕は興味津々だった。

「でも、それは私の主観であって、そんなことは誰も求めていなかったんだ。世間が知りたかったのは、どういう分析をしたら儲かるかってこと。それがニーズだ。私が作ったアルゴリズムは、割安な株を見つけることができるから、今でも毎年10〜15%は稼ぐことができる。これは、実際に検証されているよ（www.valuationmatrix.

com)。**みんなに提供すべきはこれだったんだ。**でも、私はそんな数字で数字を増やすような世界は嫌だと思ったし、そんな世界はつまらないと思った」

「でも、それは迷ったでしょうね」

「**ビジネスで成功することと人生で成功することはまったく違う。**いいかい。金を稼ぐのはよりシンプルだ。**完全に主観を排除して、ニーズに答えることだ。**社会や目の前の人が求めることに対して、主観を入れずに淡々と答える。でも、人生が楽しいというのは主観だ。**この2つを根本的に切り離すことができて、俺は今稼ぐ！俺は今人生を楽しむ‼と、切り替えることができたらうまくいくだろうね**」

「確かに、ずっと淡々とやっているのも、つまらないなと思います」

「そうだね。じゃあその主観とビジネスをどうミックスすればいいのかというと、自分が表現することをビジネスに結びつけられたら最高だ。そのためにも、自分の才能を活かせる最適なメディアを見つけたほうがいいんだよ」

「僕には、正直なところ、何ができるのかまだわかりません」

「君も、すでに自分のメッセージがあるはずだ。だから、まずは何のメディアで表現するのかを決めることだ。**『絵を描きたいから絵を描く』ではダメなんだ。**絵を描きたいっていう精神を何にぶつけるか。その時代の最先端のメディアに自分のコンテンツを合わせる、これが大事なんだ」

淡々と続けられる人が、一番成功に近い

「ずっと聞きたかったのですが、成功するためには何が大事なのでしょうか？」

「成功には3つのパターンがあると思う。

1つは、快楽を追及すること。

2つは意味を追及すること。

3つはやり続けること。

1は、わかるよね。自分の欲求を果たそうとする人だ。

2は、人生やこの社会に関する意味を考える人。どうしたらこの社会がよくなるんだろうとか、何のために生きているんだろうとか、それを見つけるための人生を送っている。

3つ目は、淡々とやり続けるのが好きな人。ちょっと大変だなと思うことをやり続けると、脳がフロー状態になるというのかな、だんだん楽しくなってくることはないかい?」

「あります。バイトで延々とスチール缶とアルミ缶を分けていたことがあったんですが、だんだんと楽しくなってきました」

「ははは。そんなことがあったんだね。**そんなふうに続けられるものが見つかると、それは最強だよ**」

「淡々とやり続けるだけですか?」

「宇宙開発のプロジェクトに携わっていたときのことだ。そこの主宰者は、子どもの頃、スターウォーズを見て宇宙船が飛び交う未来に魅了された。もう宇宙のことをやることしか考えていなかったんだ。そこで一旦入った大学をやめて、アメリカで航空宇宙工学を学び、コンサルティング会社で働いていたところ、ようやく時代が追いついて民間でも宇宙に行けるようになった。そして、ある大企業が主催するコンテストに参加して、実際に月面を走るロボットを作り、世界のトップ5に入った。その後、たくさんのお金が入り、会社も大きくなったよ。でも、**彼は淡々と前に進んできただ**

けだ。そういう人が強い。こういう淡々とのめり込めることが見つかったら、君は最強だと私は思う」

「でも、缶の仕分けが天職だなんて、嫌ですけどね」

紳士は、楽しそうに笑った。

21世紀のために、アートとデザインを学べ

「劇団経営のようなアートなこともやられるのですね？」

「もともと芸術家を目指していたからね。だが、すべての人はアートやデザインをこれから学ぶべきだね。

アートとは、個人の意思に基づく本質の表象だ。つまり、私たちが知覚した本質を言葉以外で具体化したものがアートなんだ。そこには神（まだ定義されていない存在：無）との対話がある。

一方のデザインとは、de-sign、つまりノイズアウトすることによる人々の認知コストの低減だ。余計な情報をなくして、みんなに同じように伝わるようにする、ということだね。デザインの目的は、一般化することであり、大衆の理解を得ることにあ

る。そこには人への愛がある。すなわちデザインとは愛である。だからアートとデザインは矛盾しない。むしろ補完的関係にある。だから、『アートをデザインする』ということが可能になるんだ」

「また哲学的な話になりましたね」

「私は、人の成熟への道は2つあると思っている。愛（1）と無（0）だ。この2つは、この宇宙における最期の二項性だな。アートとデザイン、どちらの道を選んだとしても最終目的地は一緒だ。**21世紀の人間の仕事は、アートとデザインしかない。**なぜなら言語化されるあらゆる事柄が機械によって最適化されるからだ。この2つをいずれか、あるいは両方を身につけなければならないんだよ。特にこれからは、機能ではなく、**コンセプトやデザインでビジネスを強化することが増えるだろう。**人々にどう認知されるかが大事になってくるからね」

機械が人にとって代わるとか、様々な産業の衰退だとか、僕にとっての未来は不安で不毛なものに見えていた。

でも、来たるべき未来に向けて、僕がやれることはたくさんある。

今日、心からそう思えた。
僕は彼に感謝して別れた。

心のメモ6

テーマ：

稼げる仕組みを作る

〈何をやるか、ではなく「何でやるか」〉

・夏目漱石は朝日新聞に掲載したから成功した

・市場は広いほうがいい

〈顧客創造をする〉

・1つ上の次元で、本当にユーザーが望むことを知ろうとする

〈どこで儲けるのか〉

・実際に儲けているところは、多くの人が思っているところとは違う

〈事業の6つのパーツ〉

・構想、プロダクト、顧客、調達、体制、利益方程式
→構想→製品→利益方程式のタテの流れと、調達→製品→顧客のヨコの流れをバランスさせる

〈事業家になるために必要な3つのこと〉

・イシュー（本質的な問題）を解決するための方程式を構想すること

・方程式の各要素（モジュール）を調達し、有機的に結びつけること

心のメモ6

・この方程式を継続的に動かすためのリソース（資金や人財）を手に入れるための信用と、実際に動かすためのオペレーションマネジメント

〈イーロン・マスクはなぜ成功したのか〉

・"この世のあらゆるモジュール分解された資源は調達し得る"ということを疑わない
→世界はあらゆる分業と資源の調達を可能にする。新しい物事の実現に必要なのは構想と信用と公共精神にすぎない
・構想と、それを実現するための知識に集中する
・構想化された方程式が現実世界で機能するかをひたすら検証し続ける
・資本集約のための技術と信用を保持する

エピローグ

僕の夢と、最後の授業

僕は紳士に、大学のキャンパスに来るように言われた。最初に彼に出会ってから、もう半年がたつ。

〝外回り〟とホワイトボードにしれっと書いて、僕は会社を抜け出し、ある大学へと向かった。そこは、この国の最高峰とされている大学。もちろんキャンパスに足を踏み入れるのは初めてだった。

平日の昼、学生達は思い思いにキャンパスで過ごしている。社会人になってみると、改めて大学内の自由な時間をうらやましく思う。今僕はスーツを着ている。明らかに大学生には見えない。しかし、周りの学生達はさほど気にもとめていないようだ。

その時、僕は紳士に声をかけられた。

「ようこそ、我が母校へ」

「こんにちは」

「さて、お茶でも飲みながら話そうかな」と紳士は、学食へと僕を案内した。

手慣れた感じで、厨房にコーヒーを注文する。白い割烹着を着たおばちゃんが、コーヒーとチーズケーキを出してくれる。そのアンバランスな風景が実に学食といった感じだ。

テーブルにつき、コーヒーを一口飲む。

「あの、先ほど母校とおっしゃっていましたが？」

「あぁ、そうだね。随分歳をとってから、大学院を出たんだ。若い頃は仕事に忙しくてね」

「そうなんですか」

「さて、今日はなんでこの場所を選んだのか」

「あなたの母校自慢……ではないですよね」

僕は周りを見渡す。

「学生を見よと？」

「そうだ、今日は君を含む、若い人に対してのメッセージを残そうと思ってね。それには、ここがぴったりだろう」

ハーバードでも、社会人としても求められる「貢献意識」

「社会人と学生の違いはたった1つしかない。それは何かな？」

「学生は自由で、社会人は不自由、ですか？」

「そうかな？　不自由なはずの君が、この時間にここでチーズケーキを食べることができるのは、随分自由だと思うけどね」

「あぁ、そうか」

「しかし、君は会社に戻らなければならないし、今急な電話がかかってくれば、即対応しなければならない」

「そうです」

「学生は、自分のことだけ考えていればいい。社会人は他人のことを考える必要がある。つまり**貢献意識があるかどうかだ**」

「貢献意識……」

「コントリビューション・マインドという。他人に対して価値を出す、貢献するのが、社会人だ。しかし、それを理解している学生は少ない。だから、就職や仕事にはスキルが必要だと思ってしまっている」

「でも実際そうなんじゃないですか？」

「知識やスキルが就職に必要なんてことはまったくない」

「まったく？」

「ない。必要なのは貢献意識だ。ここにいる学生達は、お客様マインドで生きている。学生は教えてもらう気分で授業に出ているんだ。君もそうじゃなかったかい？」

「はい、確かに」

「でも社会人は違う。もし社会人が授業に出たら、どうその授業に自分が貢献できるかを考える。生産的な発言や提案をする。今の君がそうだ。君は今ただ単に私の話を受けているだけじゃない」

「そうですね！」

「たとえば、ハーバードビジネススクールは、２０００万円近くの生活費、学費を出して通う学校だ。だが、それだけの金額を出したからといって、手取り足取り教えてくれるのではない。出席した授業でいかにリーダーシップを発揮するかが求められている。**つまり学生は授業への貢献が求められている。**その意識がないなら来るな、というスタンスだ。だから授業が、学校全体が盛り上がり切磋琢磨する。結果、生徒はさらに質の高いレベルの教育がなされる。会社もそうだ。君達は主体的に仕事にかかわらなければならない。そうでないなら会社など行かなければいい。**『受動』から『主体』へ、『自意識』から『他意識』へ。その変換が大切だ**（224ページ図７－１）」

「なるほど」

「君達は、**消費者から生産者にならなければならない。**その第一歩が貢献意識だ。知識はそれについてくる。人は主体的にさえなれば、半年でなんでも身につけることが

図7-1 貢献意識（コントリビューション・マインド）

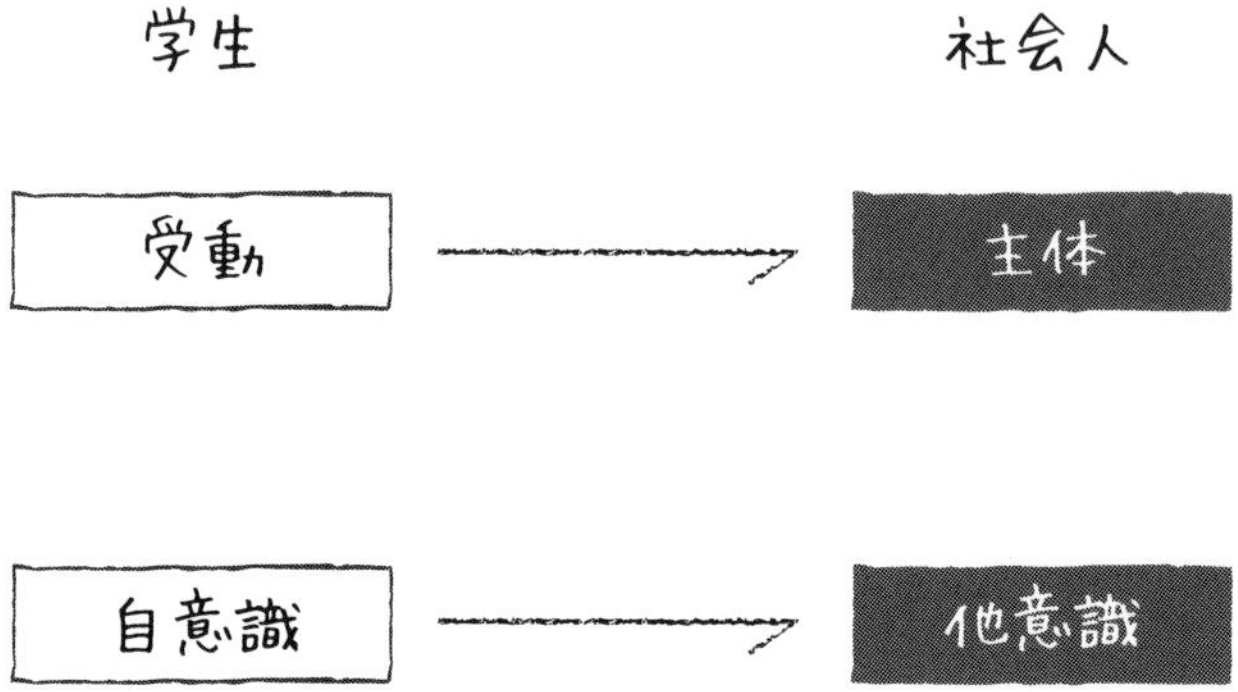

できるものだ。君のようにね」

「ここにいる学生達の多くは、今後、就職活動をするだろう。私が思う、就活や人事面接で絶対言ってはならないNGワードがある」

「何ですか？」

「『自分は○○を将来やりたいです』ということだ」

「え!?」

「彼らが何をやりたいかなんて会社は興味がない。社会人になってからはもちろん、面接やインターンで話すべきは、今、この瞬間、自分が何で貢献できるかだ。そしてそのエビデンス、つまり実績やスキルなどの証拠だ。その次に将来、どう貢献できるかを話す。それで終わり。ゴミ拾いでもコピー取りでもなんでもいい。自分が貢献できることを言え。社会人にとって君らの夢など最初はどうでもいい。そんなことは表参道のカフェで、自分の彼女を相手に存分に語っていればいい。社会とは他人に貢献することのみを基軸として成り立っている空間なのだ。まずこの概念を骨の髄まで染み込ませて欲しいと私は思うな」

「きっとそんなことを聞いたら、学生達は困惑しますよ」


「そういえば、君には彼女がいないね」

「えぇ……まぁ……、前にもお話しした通りですが……」

「どうしたらモテるか、といった本や記事を読んだこともあるだろう」

「まあ、別に、彼女がいてもいなくても、みんな一度くらいは見ますよ！」

「あればかり見ててもダメだ」

「そうなんですか!?」

「そんなものより、女性向けの恋愛映画や官能マンガを見ろ」

「女性向け!?」

「男性向けの映画やマンガは、ビジュアルや派手なアクションが中心だが、女性はプロセスがすべてだ。月9ドラマのような恋愛展開がだらだらと続き、やっとこさ結ばれる。だったら、女性に対してどう付き合えばよいのか。これがマーケティングだ」

「マーケティングですか!?」

「つまり、自分ではなく、貢献すべき相手の目線に立って考える、分析する、行動するとはそういうことだ」

「なるほど……」

「自分本位の行為では相手は満足しない。彼女ができたら、そこを肝に銘じて付き合うことだ」

「はい……」

「自信のない返事だな。モテることでもなんでも、勉強、健康、ビジネス、その他、世の中のあらゆるものは技術だ。君達にできないものは何もない」

「まぁ、ブサメンでもモテル人はモテてますよね……」

「スキルなど所詮その程度だ。技術の賞味期限は短い。モテるための努力は男である限り、永遠に続く。歯を磨き、清潔感を出し、姿勢を正して、ジェントルになること。稼ぎ、心の器を広げるしかない。あらゆることが、外形的・内面的なたゆまぬ努力の結果でしかない。そして、繰り返すがすべては技術であり、継続的な努力によって獲得することができるということだ」

将来への恐怖の本質は、自己否定である

「まだ浮かない顔をしているが、君達の人生のテーマはたった1つしかないだろう」

「そういくつもできるものですか？」

「それは、**こじらせた自己評価をマイナスからゼロまで持ってくる過程そのものだ。**君達は少なからず自分が嫌いだと思う。自己肯定感が足りていないと感じることがあるかい？」

「自信を持てということですか？」

「あそこで暗く肩を落とした学生がいるね」

「いますね」

「彼女にふられたか、単位を落としたか、はたまた就職試験で1つもひっかからなかったか……。いずれにせよ、彼は今自分を悲観している。だが、なぜ君達は将来ばかり気にするのかな？」

「それは、恐いからです」

「レールから外れることがかい？」

「はい」

「お金がないことかい？」

「はい」

「それらの恐怖は自己否定だ。君達がやるべきは、その恐怖と向き合う勇気を持つことだ」

「勇気……」

「君達はこれから10年かけて自分を取り戻す旅に出る。1つは外の世界に向けてコントリビューション（貢献）を続けて成果を出し、認められ、時にお金を得ること。そうやって自信を獲得してゆく過程だ。もう1つは、自分の内側の世界に向けての旅だ。君達が嫌いな人間、どうしても許せないタイプの人を1人2人考えて欲しい」

「嫌いな人間ですか……」

「親、兄弟、先輩、先生、クラスメート、誰でもいい」

「何人かは思い浮かびました……」

「それは君自身の1つの姿であると考えるんだ」

「自分ですか……」

「この世には他人など存在しない。他人とは自分の心に生まれた感情の破片に過ぎない。他者嫌悪の本質は自己嫌悪だよ。認められない他人は誰にでもいるが、その存在を認めること。それは自分を認めることであり、それこそが内なる旅だ。この外と内の2つの旅をすることで、君達は初めて自分を取り戻すことになる。君達が社会に出ることの本質はそういうことにある。そこからが本当の人生の始まりだ。**外と内の摩擦、恐怖と向き合い、受け入れる過程が本当の自己を取り戻すために必要なプロセスなのだ。**お金やスキルはその付随、よくいって副産物にすぎないんだよ」

人生においてしなければならないことなど、何もない

「君は今、何をやればいいのかわからない、何を勉強すべきか、どうすればいいのかわからないと、悩んでいるかもしれない。しかし、『**人生においてしなければならないことなど何もない**』のだよ。何をしたらいいのかわからなければ、何もしなければよい。それでも何かしなければ、と動き出してしまうのは君達が恐怖に立ち向かう勇気をまだ持っていないからだ。私は君のその状態を否定しない。ただ、君は、自分のステージを理解しておくことだ。自己を俯瞰し、自分の感情、自己の本質に目を向けるということだ。大事なことだから、繰り返す。『この世の中に、君の人生に、しな

ければならないことなど何1つない』。**君は、その存在そのものが価値あるものである。それを認めるしか人生の本当のスタート地点に立つすべはない。**外の世界で死ぬほど頑張って何億稼いだとしても、**この真実、自分の本質的価値に気づかなければ、君は死ぬまで走り続けることになるだろう。**内なるバイアス（偏見、他者嫌悪）を癒せなければ心の平安は得られないだろう。だからこそ青春の本質は自己肯定の内外の旅だと私は言いたいのだ」

「しなければならないことがない……ってのは、ショックが大きいですね。まだ飲み込むのに時間がかかるな……」

「もちろん、時間はかかってもいいんだよ」

本当のエリートとは？

「さらに君は自分の将来の不安ばかり考えているが、それはダメだ。**ノブレス・オブリージュ**という言葉がある」

「ノブレス・オブリージュ……」

「高貴なるものの義務という意味だ。真のエリートは、公共に殉ずるものだ。結婚式を挙げた君の友人の姿じゃない。君はエリートになるべきだ」

「僕がエリートに⁉」

「**エリートというのは、学歴でも出自でも所得でもない。エリートは自己が満たされているが故に公共への忠誠を尽くす魂を持つ者のことだ。**ヨーロッパの貴族は戦争が始まると将校として前線で真っ先に命を落とす。だが、日本の軍部は中枢が生き残り、特攻を美化して責任の所在をそらした。それは大きな違いだ。日本には今、エリート教育は存在しない。ノブレス・オブリージュを養うのには時間がかかる。今からすぐ始めなければならない。我が国の未来は中央政府にも、団塊世代にもない。君達の勇気にかかっている。君の成功を心から応援する」

「はい、ありがとうございます」

「さて君への授業は今日で終了だ。これまで私の話に付き合ってくれてありがとう」

「え⁉」

「大学のキャンパスがゴールなんて、我ながらシャレてるな」

「まだ、お伺いしたいことはたくさんあるように思います」

「君に伝えるべきことはすべて伝えたからね。逆に、君に教えられたこともたくさんあった。礼を言うよ」

「まだ僕は、何もなしとげてはいないです。何も変わっていないですよ」

「変わろうとしている」

「それはあなたのおかげです」

「〝変わろう〟と意識を持った時、すでに人は変わっているものさ」


「どこかへ行かれるのですか？」

「あぁ、そうだ」

「お仕事ですか？」

「そんなところだ」

「あの……」

「なんだね？」

「あなたと初めて結婚式場で出会った時」

「あぁ。そうだったね」

「あなたは〝婚活パーティーに出るため〟とおっしゃっていましたよね」

「そうだ」

「でも、それは嘘ですよね」

「ほぉ、なぜそう思うのかね？」

「左手の薬指です。長い間結婚指輪をしていると、指輪の跡が少しつくんです」

「よくそんなことを知っているね」

「僕の父がそうでした。仕事の時だけ外すんです。いちいちつけ外しが面倒だから、外したままでいいじゃないかと僕が言ったことがあるんですが、父は『かあちゃんがうるせぇから』と言ってずっとつけてたんです」

「なるほど」

「それに、あなたのハンカチです」

「ハンカチ？」

「はい。あなたの身につけているモノはとても品のよい高価なものばかり、ファッションに詳しい僕なら知っているブランドです。だけどハンカチだけは、あまり見かけないブランドだった。気になって調べてみたのですが、そのハンカチのブランドは、赤ちゃん用品を製造している小さなメーカーでした。吸水性があり、肌に優しい天然の素材を使っていて、大人の、しかも女性に人気だと。あまりメンズのものはないんです。きっと、女性が用意したものだろうと思いました。

男って、案外ハンカチとか、なんでもいいやって思っちゃうんですけど、女性は肌に触れるものにすごく気を使いますからね。しかも、そういう気配りができる人は、恋人ではない。もっと長い間パートナーを組んだ人だと思ったんです」

「お見事」

「そして何より、あの結婚式場に問い合わせたんです。あの日、婚活パーティーが行なわれたかどうかを……」

「そうか……」

「あなたの推理に感化されて、僕なりに勉強をしたんです」

「それも素晴らしいことだが、君の視点が素晴らしいよ」

「視点ですか？」

「推理力、洞察力、いずれも大切なことだ。しかしね、この世界で一番大事なことは、結局〝愛〟を知ることだ」

「愛……」

「大学、仕事、会社、日本、世界、勉強、お金、様々なことの考え方、方法論を君に説いてきた。**しかしそれらの知識をいくら持ったって、愛のない人間が使ったら、この世界で幸せにはならない。**すべては愛から始めなければならない。君の心にはいつも愛があった。他者に対する優しいまなざしがある。それをもって、この世界を、そして君の人生をより豊かで幸せなものにしてくれたら私は嬉しい」

「はい！」

「君に最後の質問だ」

「はい」

「君の夢はなんだね？」

「僕の夢ですか……」

「そうだ」

「正直、あなたに会うまでは、恥ずかしくて誰にも言えなかったんですけど……でも今なら、胸を張って言えます」

「それはなぜかね？」

「今の僕なら、実現できる気がするからです。あなたの教えを元に、プランを制作したので」

「素晴らしい」

「僕の夢は……」

「あぁ、大変申し訳ない」

「え？」

「時間がきてしまったようだ……」

「や、でも……」

「君の夢の話はまた今度じっくり聞かせてもらうよ」

「今度とは、いつになりますか？」

「そうだなぁ……、少し待たなければならないだろう。だが、**必ず君と私は再会するよ。君の夢が実現すればね**」

紳士は私の目の前から消えた。

まるで、テレビのリモコンを押して映像が消えるように、フッと僕の目の前から消えた。

そこですべてを理解した。僕の夢の話、聞くまでもなくわかっていたのだ。だって彼は、ＳＦ好きの夢見がちの僕なのだから……。

僕は家に帰る。ノートに殴り書きしたプラン「いつかタイムマシンを作る」ためのプランを眺め、さっそく第一歩を踏み出した。

愛と夢と少しばかりのお金を手にして。

おわりに

この本を最後までお読みくださり、本当にありがとうございました。

もうおわかりのように、この物語に出てくる「僕」と「紳士」は、時間を超えて出会う1人の人間です。

時空を超える「紳士」は、SF好きでタイムマシンを作ることを夢見る若い頃の「僕」を励まし、自らが経験を通して血肉化された知恵を授けるために未来からやってくるのです。


さて、この物語に出てくる「紳士」のモデルは、私自身を、身近で支え、世界を広げ、勇気づけてくれた実在するメンター達です。彼らは人格的にも能力的にも優れた憧れの存在です。

人は、憧れや夢を持ちます。そしてそれを体現している人とのかかわりの中で、自分自身もそれを実現していきます。

個人の力や個性や才能など、実際、大した影響は持ちません。人を作るのは環境であり、唯一、個人に求められるのは、環境を選択する勇気です。勇気と夢は、成功の両輪です。

10年後の成功のために、この物語が少しでも皆さんの背中を押す助けとなり、具体的な知恵としてくださったなら、著者としてとても嬉しいです。

大丈夫。必ず、あなたは成功します。

最後に、編集のみならず総合プロデュースをしてくださったSBクリエイティブの多根由希絵さん、「紳士」と「僕」の会話と、この物語をより深く面白くわかりやすく構成してくださった劇団ホチキス主催の米山和仁くん、学術的見地からの鋭い指摘と、文献資料を当たってくれた東京大学大学院の五十嵐美加さん、いつも僕の無理を聞いて、さらに貴重なアドバイスをくださるピースオブケイク（cakes）の加藤貞顕さんにお礼申し上げます。

2015年　6月3日

山口　揚平

参考文献

アリス シュローダー著　伏見威蕃 訳(2009年)
『スノーボール(上・下)ウォーレン・バフェット伝』日本経済新聞出版社

鈴木貴博(2011年)『「ワンピース世代」の反乱、「ガンダム世代」の憂鬱』朝日新聞出版

松岡 真宏(2014年)
『時間資本主義の到来: あなたの時間価値はどこまで高められるか?』草思社

横山 禎徳(2003年)『「豊かなる衰退」と日本の戦略』ダイヤモンド社

山口揚平(2013年)
『そろそろ会社辞めようかなと思っている人に、一人でも食べていける知識をシェアしようじゃないか』
アスキー・メディアワークス

山口揚平(2013年)『まだ「会社」にいるの?』大和書房

山口揚平(2013年)『なぜゴッホは貧乏で、ピカソは金持ちだったのか?』ダイヤモンド社

●1章「学ぶこと」については、下記の文献に基づく

市川伸一・堀野緑・久保信子(1998)
学習方法を支える学習観と学習動機『認知カウンセリングから見た学習方法の相談と指導』
市川伸一(編) ブレーン出版 Pp.186-202.

市川伸一(1995)『学習と教育の心理学(現代心理学入門3)』岩波書店

篠ヶ谷圭太(2012)「学習方略研究の展開と展望」『教育心理学研究』60(1), 92-105.

瀬尾美紀子・植阪友理・市川伸一(2008)
第4章 学習方略とメタ認知『メタ認知—学習を支える高次機能』
三宮真知子(編) 北大路書房 pp.55-74

堀野緑・市川伸一・奈須正裕(1990)
「基本的学習観の測定の試み-失敗に対する柔軟的態度と思考過程の重視
『教育情報研究』, 6, 3-10.

Wigfield, A., & Eccles, J. S. (2000). Expectancy-value theory of achievement motivation. Contemporary educational psychology, 25(1), 68-81.

Forgas, J. P., Williams, K. D., & Laham, S. M. (2005). Social motivation: Conscious and unconscious processes(Vol. 5). Cambridge University Press.

Miner, J. B. (2008). Organizational Behavior 5: From Unconscious Motivation to Role-motivated Leadership. Routledge.

山口揚平（やまぐち ようへい）

事業家・思想家。早稲田大学政治経済学部卒。東京大学大学院。1999年より大手外資系コンサルティング会社でM&Aに従事し、カネボウやダイエーなどの企業再生に携わった後、独立・起業。企業の実態を可視化するサイト「シェアーズ」を運営し、証券会社や個人投資家に情報を提供する。2010年に同事業を売却。クリスピー・クリーム・ドーナツの日本参入、ECプラットフォームの立ち上げ（のちにDeNA社が買収）、宇宙開発事業・電気自動車（EV）事業の創業・投資および資金調達にかかわる。その他、Gift（ギフト：贈与）経済システムの創業・運営、劇団経営、世界遺産都市ホイアンでの2店舗創業（雑貨・レストラン）・海外ビジネス研修プログラム事業、日本漢方茶事業、アーティスト支援等、複数の事業・会社を運営する傍ら、執筆・講演活動を行なっている。専門は貨幣論・情報化社会論。NHK「ニッポンのジレンマ」に論客として、テレビ東京「オープニングベル」、TBS「6時のニュース」、日経CNBC放送にコメンテーターとして出演。慶應義塾高校非常勤講師、横浜市立大学・福井県立大学・アカデミーヒルズなどで講師をつとめた。著書に、『なぜか日本人が知らなかった新しい株の本』（ランダムハウス講談社）『デューデリジェンスのプロが教える 企業分析力養成講座』（日本実業出版社）『世界を変える会社の創り方』（ブルーマーリンパートナーズ）『そろそろ会社を辞めようかなと思っている人に、一人でも食べていける知識をシェアしようじゃないか』（アスキー・メディアワークス）『なぜゴッホは貧乏で、ピカソは金持ちだったのか？』（ダイヤモンド社 ）等がある。

10年後世界が壊れても、
君が生き残るために今、身につけるべきこと

2015年7月10日　初版第1刷発行

著　者	山口揚平
発行者	小川　淳
発行所	SBクリエイティブ株式会社 〒106-0032 東京都港区六本木2-4-5 電話 03(5549)1201(営業部)

装　丁	渡邊民人(TYPEFACE)
本文デザイン+DTP	森田祥子(TYPEFACE)
イラスト	須山奈津希
執筆協力	米山和仁
編集協力	五十嵐美加、本創ひとみ
編集担当	多根由希絵
印刷・製本	中央精版印刷株式会社

落丁本、乱丁本は小社営業部にてお取り替えいたします。
定価は、カバーに記載されております。
本書に関するご質問は、小社学芸書籍編集部まで書面にてお願いいたします。
ISBN978-4-7973-8401-7